조세 피난처

—달아나는 세금—

시가 사쿠라 지음 | 김효진 옮김

AK

일러두기

1. 이 책은 국립국어원 외래어 표기법에 따라 일본어를 표기하였다.

2. 본문 중, 역자 주로 표기된 것 외에는 모두 저자의 주석이다.

3. 서적 제목은 겹낫표(『』)로 표시하였으며, 그 외 인용, 강조, 생각 등은 따옴표를 사용하였다.
   *서적 제목
   예) 『파이낸셜타임즈』, 『포브스』

목차

서장
시민들은 실상을 알아야 한다

일본의 세제는 공평한가

먼저, 아래의 표 1을 살펴보자. 일본 납세자의 세금 부담률을 소득 금액별로 나타낸 표이다. 이 표는 일본의 소득세제도에 간과할 수 없는 불공평이 존재한다는 것을 보여준다. 표를 보면 알 수 있듯이, 일본에서는 소득 총액이 1억 엔을 넘으면 소득세 부담률이 낮아진다.

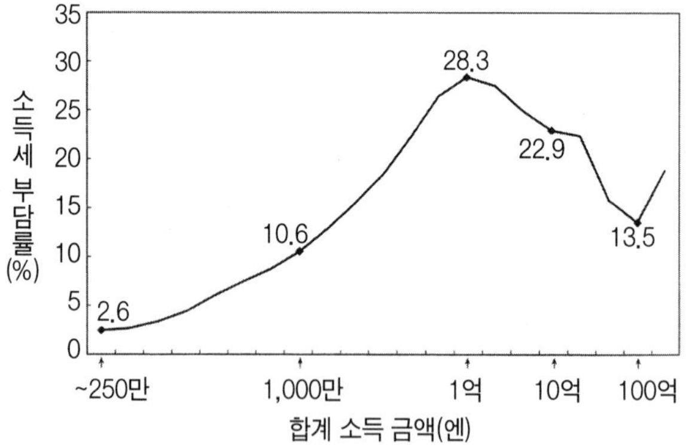

표 1 신고 납세자의 소득세 부담률(2010년도)

소득 총액이 1억 엔을 넘으면 소득세 부담률은 급격히 낮아진다. 표에 나타나 있지 않은 조세 회피와 탈세 실태까지 고려하면, 실재 부담률 저하는 더욱 뚜렷해질 것이다. 출전 : 2010년 10월 21일 정부세제조사회 전문가위원회 제출 자료이게 어찌된 일일까. 일본의 소득세제는 누진 과세를 채용하고 있다. 그렇다면 세 부담률은 소득액 증가와 더불어 높아질 것이다. 그런데 실상은 그렇지 않다. 소득 총액 1억 엔의 28.3%를 정점으로 세 부담률은 낮아진다. 이는 소득 총액이 1억 엔을 넘으면 소득세가 '역진적'으로 바뀐다는 것을 나타낸다. 100억 엔대에 이르면 13.5%까지 낮아진다.

연간 소득 금액 100억 엔은 일반 시민의 상상을 초월하는 액수이다. 하지만 실제 일본에도 그런 고소득자가 있다. 대개 주식 매각을 통해 얻은 소득으로 현재 일본의 세제는 그런 소득에 특별한 조치를 적용한다. 그 결과, 표와 같은 세 부담률 저하가 나타난다.

국회에서도 수시로 이런 불공평을 지적하며 세제 개정 현안으로 논의되었다. 그만큼 일본의 세제에 정통한 사람이라면 이미 알고 있는 사실이다. 다만, 이 표에 나타나지 않은 감춰진 실태까지 꿰뚫는 사람은 많지 않다.

이 표는 '신고 납세자의 소득세 부담률'이라는 제목의 정부세제조사회 자료이다. 즉, 세무서에 신고한 소득 금액을 바탕으로 집계된 자료라는 것이다. 바꿔 말하면, 제대로 신고하지 않은 경우 소득세 부담률은 더욱 낮아진다는 것이다.

실제 과세 당국은 소득 금액을 실제보다 낮게 신고해 과세를 회피하는 고액 소득자가 다수 존재한다고 보고 있다. 그런 고액 소득자들의 세 부담률은 분명 도표에 나타난 숫자보다 훨씬 낮을 것이다.

그것은 과세 회피이자 심한 경우 탈세에 해당한다. 하지만 정확한 실태를 파악하는 것은 매우 어렵다. 왜일까. 과세 회피와 탈세를 조장하는 갖은 책략이 존재하기 때문이다. 그 중심부에 있는 것이 바로 '조세 피난처'이다.

악행이 난무하는 복마전

고액 소득자 중에는 갖은 술수를 동원해 해외 조세 피난처로 소득을 빼돌리고 세금을 내지 않는 이들이 있다.

정직하게 세금을 내는 시민들의 눈을 피해 조세 피난처라는 무대에서 소득 분배의 공평성을 해치는 악행을 일삼는다. 그런 악행에 따른 병폐가 결국에는 시민의 생활은 물론 한 나라의 재정 기반을 뒤흔들고 급기야 세계 경제를 위기에 빠뜨린다.

조세 피난처는 악행이 난무하는 복마전이다. 탈세를 일삼는 부유층뿐 아니라 부정을 저지르는 금융 기관 및 기업 혹은 범죄 조직과 테러 집단 그리고 각국의 첩보 기관들까지 몰려든다. 악명 높은 헤지펀드도 조세 피난처를 이용해 거액의 자금을 움직인다.

일본에서는 최근에서야 몇몇 행정 사건과 형사 사건으로 발전하면서 언론 매체에 등장했다. 사실상 그런 사건들은 빙산의 일각에 불과하다. 비밀의 장막에 가려진 조세 피난처의 진상을 밝히고 조세 피난처가 끼치는 해악에 대한 경종을 울리는 것이 이 책의 주제이자 메시지이다.

무슨 일이 벌어지고 있는가

조세 피난처에는 다음의 세 가지 특징이 있다.

① 정당한 세제가 없다

② 철저한 비밀 유지 법칙이 있다

③ 금융 규제나 그 밖의 법 규제가 결여되어 있다

이러한 세 가지 특징이 개별적으로 존재하는 것이 아니라 한 세트라고 보면 된다. 이 세 가지가 하나로 묶여, 조세 피난처를 악행의 무대로 만드는 데 일조한다. 그리고 그런 악행이 낳은 병폐가 돌고 돌아 결국에는 일반 시민의 생활과 경제를 엄습한다. 자세한 내용은 이어지는 각 장에서 차근차근 설명하기로 하고 여기서는 대략적인 개요를 정리해두자.

조세 피난처를 무대로 벌어지는 악행은 다음의 세 가지로 분류할 수 있다.

· 고액 소득자나 대기업의 탈세 · 조세 회피
· 자금 세탁 및 테러 자금 관여
· 거액 투기 자금에 의한 세계 경제의 대규모 파괴

이 같은 악행에 맞서는 것은 쉬운 일이 아니다. 하지만 몇 가지 아이디어가 나오고, 이미 실행되고 있는 구상도 있다. 이 책의 말미에서 그 내용을 소개하겠다.

고액 소득자나 대기업의 탈세 · 조세 회피

개인이든 기업이든 어느 정도 높은 수입이나 이익을 얻게 되면 세금 대책에 고민하게 마련이다. 세무사나 전문 변호사를 고용하기도 하고, 금융 기관이나 컨설팅 회사에서 추천하는 절세 상품 등을 이용해 최대한 세금 부담을 줄이려고 노력한다. 당사자들은 그런 노력을 '절세'라고 주장할 것이다. 하지만 실제로는 악질적인 탈세 행위는 물론이고 탈세까지는 아니더라도 탈세에 가까운 조세 회피 행위가 지극히 일상적으로 이루어지고 있다.

물론, 고액 소득자나 대기업들이 하나같이 탈세나 조세 회피를 일삼는 것은 아니다. 하지만 절세, 조세 회피, 탈세의 경계는 매우 애매하다. 소득이나 이익을 외국에 있는 조세 피난처로 빼돌려 원래대로라면 나라에 내야 할 세금을 내지 않는 고액 소득자나 대기업이 다수 존재한다.

그 피해를 떠안는 것은 중 · 저소득 시민들이다. 과거 일본의 건전하고 두꺼운 중간층은 일본 경제를 떠받치는 기둥이었다. 그런데 지금은 그 중간층마저 장기화된 디플레이션으로 피폐할 대로 피폐해진 상태이다. 오늘날 일본 사회는 부유층과 빈곤층으로 양분되고 있다. 조세 피난처에서 벌어지는 악행은, 그런 경향을 더욱 심화시킨다. 부자는 점점 더 부유해지고 빈민은 점점 더 가난해지는 구조가 생겨났다.

국가 운영에 필요한 재정 자금은 상당한 금액에 이른다. 국민들 각자의 응분에 맞게 거둔 세금은 공적 서비스를 갖추고 정비하는 데 쓰인다. 납세는 국민의 의무이다. 그런데 조세 피난처를 이용한 탈세 · 조세 회피 행위는 그 의무를 무시하거나 팽개치고 마땅히 국고로 들어가야 할 세금을 다른 나라로 빼돌리는 것이다.

일반적으로, 본래 납부해야 할 세금과 실제 납부한 세금과의 차액을 '조세 격차Tax Gap'라고 한다. 2001년 미국 국세청IRS은 조세 격차를 3,450억 달러로 추산하고 이 중 2,900억 달러를 징수하지 못한 것으로 국회에 보고했다. 일본에서도 국외로 빠져나간 세금은 막대한 금액에 이를 것으로 보인다. 하지만 일본의 과세 당국은 조세 격차를 측정하려는 시도조차 하지 않는다.

자금 세탁

범죄 수익을 '세탁'해 깨끗한 돈으로 가장하는 행위를 자금 세탁money laundering이라고 한다.

마약 밀매나 그 밖의 범죄로 얻은 수익은 처리하기가 쉽지 않다. 애초에 큰돈은 가지고만 있어도 세무서 등에 출처를 추궁당하며 쓰면 쓰는 대로 자금의 출처를 밝혀야 한다. 그렇기 때문에 출처를 추궁당할 일 없는 깨끗한 자금처럼 보이게 꾸민다.

자금 세탁은 거의 반드시 조세 피난처에서 이루어진다. 그럴 수밖에 없는 이유가 있다. 앞서 든 특징 ②와 같이 조세 피난처에서는 정보의 비밀 유지가 철저하다.

예컨대, 자금을 일단 조세 피난처로 송금한 뒤 곧장 다른 나라의 계좌로 보내면 일본의 과세 당국은 물론 사법 당국에서도 자금 추적이 어렵다. 애초에 조세 피난처의 당국 자체가 관심이 없고 모르는 척하기 때문에 정보를 파악하고 있는지조차 알 수 없다. 설령 정보를 파악하고 있다 해도 다른 나라에 정보를 공개하는 등의 자국 이익에 반하는 행동을 할 리가 없다.

테러 자금 관여

조세 피난처의 또 다른 심각한 문제는 테러 자금의 이동과 은닉에 이용된다는 것이다. 알카에다의 광범위하고 강력한 테러의 배경에는 풍부한 자금력이 있었다. 조세 피난처는 그 자금원과도 밀접한 관련이 있다.

예컨대, 오사마 빈 라덴의 자금을 중근동 어딘가에서 미국으로 보내야 한다고 하자. 테러 자금을 두바이의 에미레이트NBD 은행에서 뉴욕의 JP모건체이스로 송금할 수는 없다. 중근동에서 리히텐슈타인의 프라이빗 뱅크(부자들의 자산 관리를 전문으로 하는 은행)를 경유해 카리브 해의 영국령 버진 아일랜드BVI 등 조세 피난처에 있는 은행으로 자금을 돌리다 마지막에는 마이애미에서 스피드 보트를 이용해 자금을 조달받는 방식이 있을 수 있다. 물론, 본토에서 자금을 조달받는 것은 잠입 수사관도 있을 수 있고 목숨을 건 총격전까지 각오해야 하는 위험한 작업이다.

거액 투기 자금에 의한 세계 경제의 대규모 파괴

파이낸스 이론에 의한 새로운 금융 기술이 급속도로 발전하면서 1990년대 이후, 새로운 금융 상품이 잇따라 개발되었다. 금융 파생상품이 그 전형이다.

그런 금융 상품을 활용한 머니 게임이 불러온 금융 위기의 실제 사례를 들자면 최근 20년 동안만 해도 수없이 많다. 자세한 내용은 제5장에서 소개하겠지만, 문제는 금융 상품의 구성 과정 중 반드시 조세 피난처가 이용된다는 점이다. 게다가 머니 게임이 벌어질 때도 거의 반드시 조세 피난처에 있는 사업체를 거치기 때문에 자금 경로의 전모는 보이지 않는다.

조세 피난처가 금융 거래에 자주 이용되는 이유는 규제가 매우 느슨하거나 실제로는 규제가 없는 것이나 다름없기 때문이다. 금융 기관의 안정성을 확보하기 위한 규제를 '건전성 규제'라고 한다. 조세 피난처를 경유함으로써 이런 건전성 규제를 피할 수 있다. 바꿔 말하면, 규제망을 빠져나가 고수익을 노리는 위험한 거래가 가능해지는 것이다.

국가의 규제는, 원칙적으로 국경을 초월해 집행할 수 없다. 이른 국제법이 세계에서는 '공법은 국경을 넘지 못한다Public law stops at the water's edge'는 법언法諺으로 표현한다. 하지만 오늘날 세계 경제는 국경이 사라졌다. 그리고 나라 밖에는 조세 피난처가 입을 떡 벌리고 기다리고 있다. 국경에 가로막혀 규제는 헛일이 된다. 당국은 분통을 터트리는 것 말고는 달리 방법이 없다.

이런 머니 게임은 결국 대규모 금융 위기를 부른다. 또 도산한 금융 기관과 기업을 살리는 데 시민의 세금이 들어간다. 일부 투기꾼들이 벌인 머니 게임을 수습하는 데 시민들이 땀 흘려 번 돈을 쏟아붓는 것이다.

힘겨운 실태 해명

그동안 조세 피난처의 문제점을 지적하는 목소리가 없었던 것은 아니다. 9.11 테러의 충격은 조세 피난처에 대한 미국의 태도를 크게 바꾸었다. 이후, 선진국들의 자금 세탁 규제가 대폭 강화되었다. 2008년 창설된 G20 정상회의에서 리먼 쇼크 당시 조세 피난처의 역할에 주목하면서 조세 피난처를 규제하는 움직임이 활발해졌다.

물론, 상대도 만만치 않았다. 조세 피난처 자체는 그동

안 몇몇 책과 논문을 통해 다양한 각도에서 문제점을 지적해왔다. 하지만 조세 피난처 특유의 비밀 장막에 가로막혀 구체적인 자료를 근거로 한 실상을 밝혀내지 못하고 있다. 지금도 온갖 단편적인 정보를 수집하며 퍼즐을 맞춰나가듯 한 발 한 발 다가가는 것 말고는 달리 방법이 없는 상황이다.

진짜 문제는 조세 피난처의 존재가 아니라 그곳에서 벌어지는 악행과 그로 인해 세계적 규모의 금융 위기가 되풀이된다는 점이다. 현재, 국제기구와 전문가 그룹들이 이 문제를 두고 고심하고 있지만 각국의 정보기관들까지 얽힌 상황이다 보니 국제기구조차 실태를 파악하기 어렵다.

전 세계 금융 거래에 깊이 뿌리 내린 조세 피난처의 존재는 국익에까지 직결되는 중대한 문제이다. 국제기구 내부에서 실태 해명을 방해하기도 한다. 예컨대, 어떤 구 종주국은 그들 산하의 구 식민지의 조세 피난처를 보호하고자 다양한 수단을 통해 호소하고 방해하는 짓까지 서슴지 않았다. 게다가 그런 구 종주국이 선진국이면서 조세 피난처인 경우가 있다. 악행이 난무하는 조세 피난처가 밝아서 안 될 후랑이 꼬리였던 것이다

체험적 조세 피난처론

나는 몇몇 국제기구와 국제 포럼에 참가해 법 집행 기관의 입장에서 조세 피난처 문제를 다뤄본 경험이 있다. 그런 직접적인 체험을 서술함으로써 이제껏 나온 어떤 책이나 논문과 다른 실제 현장에서 바라보는 시각을 독자들에게 전할 수 있다고 생각한다.

조세 피난처 문제를 세제 면에서 접근해온 것은, 경제협력개발기구OECD의 재정위원회이다. 구 대장성 주세국主税局의 국제조세 과장이었던 나는 재정위원회의 일원이 되어 조세 피난처 대책 세제의 창설 및 개정에 관여했다. OECD 재정위원회의 가장 중요한 성과 중 '유해한 조세 경쟁' 보고서가 있다. 이 보고서는 1998년에 발표된 후 여러 차례 경과 보고서를 내놓았다. 그 일련의 보고서가 크게 기여해 2009년 4월에는 글로벌 포럼의 조세 피난처 블랙리스트가 만들어졌다.

한편, 자금 세탁 문제를 다루는 국제기구로는 자금세탁방지기구FATF가 있다. 나는 1998년 일본 금융감독청(현 금융청) 창설과 함께 만들어진 특정금융정보 관리관이라는 직책을 맡게 되었다. 일본의 자금 세탁 대책을 이끌어갈

막중한 자리였다. 그런 대책실장의 자격으로 FATF에 참여했다.

FATF 회원국 중에는 '에그몬트 그룹'이라는 특별한 모임이 있다. 국가 행정조직 중 금융정보분석기구FIU라는 조직이 있는 나라만 가입할 수 있는 모임이다. FIU는 자금 세탁에 관련된 모든 정보가 단일 조직으로 집중되는 구조를 취하는 조직이다. 일본은 2000년에 이른바, 조직범죄 대책 3법이 성립하면서 정식으로 FIU가 만들어져 에그몬트 그룹의 일원이 되었다. 일본의 자금 세탁 대책실은 하시모토 류타로橋本龍太郎 총리의 지시로 발족한 당시에는 금융감독청 관할이었다가 현재는 경찰청으로 이관되었다.

또, 금융안정화포럼FSF이라는 조직이 있다. 1998년 아시아 통화 위기 당시 잇따른 일본의 금융 위기로 전 세계가 파멸의 심연을 들여다보는 것 같던 시기에 급작스럽게 설립된 국제기구로 각국의 재무성, 금융감독청, 중앙은행에서 파견된 전문가들이 모여 국제적인 금융 문제를 협의하는 포럼이다. 스위스 바젤에 있는 국제결제은행BIS이 사무국을 맡고 있다. 금융안정화포럼은 2009년에 열린 G20 런던 정상회의에서 금융안정위원회FSB로 격상되었다. 이로써 국제기구까지 참여한 대규모 조직이자 국제 금융시스템을 감시하고 제언하는 권한을 지닌 조직으로 확충되었다.

FSF(현 FSB)의 발족 당시, 나는 일본 금융감독청의 국제 담당 참사관으로 참가했다. FSF는 발족 후, 곧장 몇 개의 부회를 만들었는데 그중 역외域外 금융센터 문제를 담당하는 부회가 있었다. 그때 이미 조세 피난처 문제는 금융위기와 관련하여 심각한 문제로 받아들여지고 있었다. 나는 그 부회의 담당자가 되어 2000년에 발표된 FSF의 조세 피난처 보고서 작성에도 참여했다.

그런 실제 경험을 바탕으로, 국제기구 내부에서 바라본 시각을 곁들여가면서 조세 피난처 문제의 실상을 밝히는 것이 이 책의 의도이다.

제1장
조세 피난처란 무엇인가

1 어디에 있을까? 왜 있을까?

어디에 있을까?

먼저, 그림 1-1을 보자. 이것은 세계에 분포한 조세 피난처를 나타낸 지도이다. 조세 피난처란 일반적으로 '세금이 없는 국가나 지역' 혹은 '세금이 거의 없는 국가나 지역'을 가리킨다. 세금을 회피하려는 사람으로서는 그곳에 가면 과세라는 태풍을 피할 수 있기 때문에 그런 이름이 붙었다.

조세 피난처는 대개 국가뿐 아니라 구 식민지나 영국 왕실의 속령屬領 등의 지역도 포함된다. 구체적으로는 케이맨 제도, 바하마, 버뮤다, 영국령 버진 아일랜드BVI 등 카리브 해에 있는 섬들이 그 전형이다.

케이맨 제도라는 이름은 뉴스에도 종종 나오면서 널리 알려졌다. 기업이 새로운 금융 전략을 세우는 경우, 거의 대부분 이곳에 법인을 만든다. 케이맨 법인을 통하면 탈세 · 조세 회피, 비밀 유지, 정부 규제를 벗어나는 탈법 등 국제 거래상의 다양한 이점이 있기 때문이다. 그런 이유로, 케이맨 제도는 일본의 세 번째 해외 직접투자 대상국으로 이름을 올렸다.

다만, 일본에서 투자한 자금이 그대로 케이맨 제도에 머무는 것은 아니다. 이 섬의 오피스 빌딩에는 수천여 개의 회사가 존재하지만 실상은 모두 간판과 우편함뿐인 유령 회사이다. 즉, 케이맨 제도는 어디까지나 경유지일 뿐, 자금은 이곳에서 또 다른 투자처로 흘러가는 구조이다.

그런데 최근에는 미국이 눈에 불을 켜고 감시와 규제를 강화하고 있다. 규제가 심해지지 전보다 비용이 늘어니면서 이전만큼 케이맨 제도를 이용하지 않는다. 대신, 영국령 버진 아일랜드BVI를 이용하게 되었다. 아직까지 BVI는 조세 피난처로서 크게 비판받지 않았다. 하지만 전문가들 사이에서 온갖 교활한 수법이 난무한다는 것을 모르는 사람은 없다.

내가 직접 겪고 느낀 바로는, BVI의 배후에 영국 정보국 MI6이 있는 듯하다. 1999년 자금 세탁을 감독하는 자금세탁방지기구FATF 회의에서 영국의 재무성이 BVI를 옹호하는 태도를 보인 데다 합리적인 설명 없이 블랙리스트에서 제외되었다. 당시, 미국 정부의 고위 관리였던 지인이 그 이유를 슬쩍 귀띔해주었다. 당시에는 그 의미를 몰랐지만 지금은 어렴풋이 짐작이 간다.

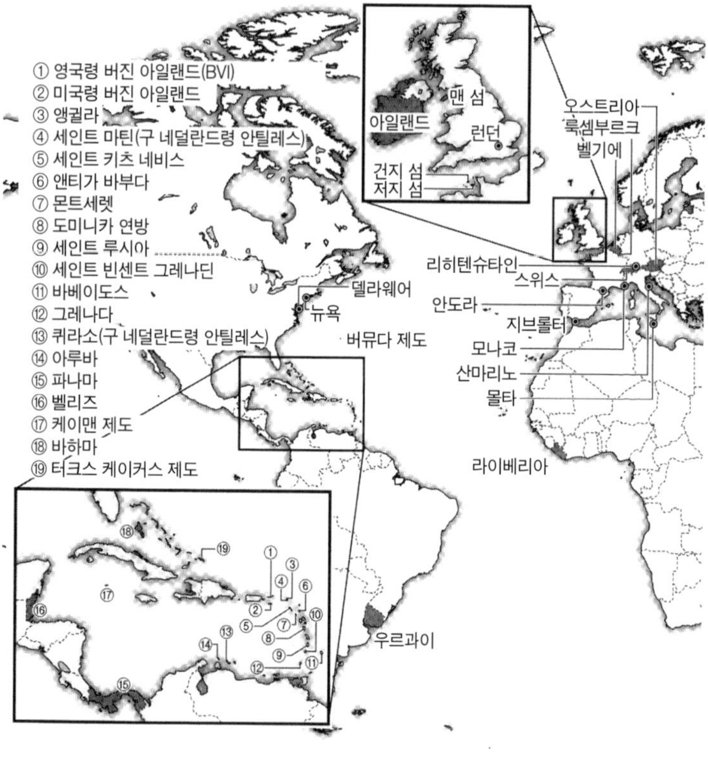

그림 1-1 조세 피난처 관련 지도. OECD 경과 보고서를 바탕으로 작성(2012년)

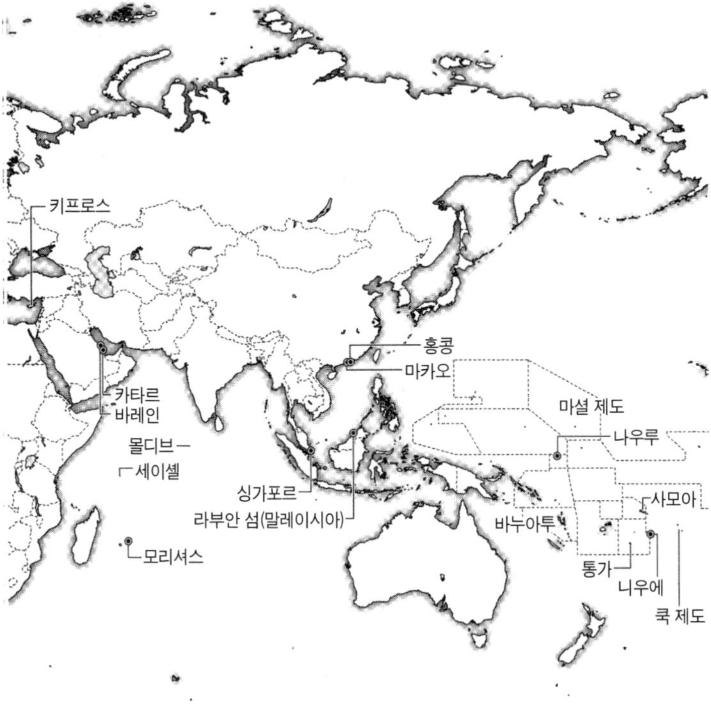
키프로스
홍콩
마카오
카타르
바레인
마셜 제도
나우루
몰디브
세이셸
싱가포르
라부안 섬(말레이시아)
사모아
바누아투
모리셔스
통가
니우에
쿡 제도

런던에 근무할 당시 친하게 지내던 영국 외무성 고위 관리가 있었다. 둘 다 꿩 사냥이 취미였다. 그런데 이상하게도 외무성의 고위 관리였던 그는 특정한 직책이 없어 보였다. 그래서 내심 '혹시 첩보원인가?' 하는 생각도 했다. 그러던 어느 날 아침, 집에서 『파이낸셜타임즈』를 펼쳐본 나는 소스라치게 놀랐다. 그가 정보국 장관으로 취임했다는 기사를 본 것이다. 영국 정보국은 통상적으로 직원들의 신분을 밝히지 않지만 장관만은 예외였다. '역시 그랬군' 하고 고개를 끄덕였던 기억이 있다.

과거 영국 정보국은 소재지조차 밝히지 않았다. 메이페어의 대사관 근처 술집에서 술을 마시던 중, 멀리 보이는 기분 나쁠 만큼 적막하고 어두운 커다란 건물이 MI6의 건물인 것 같다는 이야기를 듣기도 했다. 현재는 템스 강가의 화려한 현대 건축물에 본부를 두고 있다.

이처럼 모든 것이 비밀에 싸인 조직이다. 거의 모든 활동이 비밀리에 이루어지며 어느 나라든 정부 예산 중에는 반드시 기밀비가 있다. 관련된 관청은 관저, 외무성, 재무성, 국방성이다. 기밀비를 사용해 공작 자금을 움직인다. 자금 출처가 밝혀져서도 안 된다. 자연히 손쉬운 조세 피난처를 경유할 것이다.

왕실 속령

조세 피난처로 유명한 또 다른 지역은 브리튼 섬 근방의 저지 · 건지 섬, 맨 섬의 왕실 속령屬領이다. 1066년 노르만 정복 당시 노르망디공의 사유지였던 곳이 오늘날까지 여왕의 속령으로 남아 있다. 그 여왕의 거처가 지금은 조세 피난처의 전형이 되었다.

내가 대법원에 감정의견서를 제출한 건지 섬에서 일어난 손해보험 회사의 조세 피난 사건은 대법원에서 납세자의 역전 승소 판결이 나왔다. 국가와 하급심에서도 일관되게 건지 섬을 연합 왕국의 속령이라고 했지만 틀린 말이다. 건지 섬은 왕실의 속령이다. 그렇게 쓰인 영국 정부 자료를 증거로 제출했지만 원고인 납세자나 피고인 국가 그리고 재판소 모두 증거를 읽지 않은 것이다.

한편, 아시아로 눈을 돌리면 이번에도 영국과 관련이 있는 구 식민지 홍콩, 싱가포르, 말레이시아의 라부안 섬 등이 조세 피난처로 꼽힌다. 홍콩은 중국 본토에서 세계로 뻗어나가는 길목이라는 특별한 위치를 차지한다. 또 자원이 없는 작은 섬나라(음료수조차 옆 나라인 말레이시아에서 파이프라인을 통해 공급받는다) 싱가포르는 중계 무역이나 금융센터로서 사활을 걸며 지략을 쏟고 있다.

시티, 월스트리트, 유럽 여러 나라

조세 피난처 문제는 G20 정상회의에서도 논의가 이루어지는 등 선진국을 중심으로 조세 피난처 퇴치를 위한 다양한 움직임이 일어나고 있다. 하지만 조세 피난처 퇴치에 앞장서 정의를 구현해야 할 선진국이 가장 규모가 큰 조세 피난처라는 기이한 현실도 존재한다. 그 대표적인 곳이 영국 런던의 시티이다.

런던 시내에는 시티라는 한 구획이 있다. 스퀘어 마일이라고도 불리는 넓이 1평방 마일 남짓한 그 구획에 영국의 금융센터가 있다. 한때 자치권을 갖고 있던 시티는 여왕조차 시티에 들어갈 때는 시장市長인 로드 메이어의 허가가 있어야 했다. 시티가 어디에 있는지는 주요 도로 입구에 세워진 그리핀이라는 괴수의 동상을 보면 금방 알 수 있다.

여담이지만, 해리포터 시리즈에 등장하는 그리핀도르 기숙사의 상징은 황금 사자이다. 이것은 프랑스어로 '황금 그리핀'을 뜻한다. 그리핀은 두 가지 중요한 임무를 맡고 있다고 전해진다. 하나는 제우스와 같은 신들의 마차를 끄는 것이고 다른 하나는 황금을 찾아내 지키는 일이다. 그리핀 상이 시티의 입구를 지키고 있는 것이다.

사진 1-2 그리핀 상
주요 도로의 입구에 세워진 시티(City of London)의 수호신과 같은 상상의 괴수

그 시티가 조세 피난처나 다름없는 기능을 하고 있다. 또 앞서 이야기한 왕실 속령이나 구 식민지와도 긴밀한 관계를 맺고 국경을 초월한 거대한 다중 구조를 구축하고 있다.

또 다른 선진국=조세 피난처는 미국이다. 특히, 미 동부의 델라웨어 주가 조세 피난처로 유명하다. 델라웨어 주

윌밍턴에는 포드, GE, 코카콜라, 구글 등 세계적인 대기업들의 본사가 있다. 수많은 대기업들이 굳이 이곳에 본사를 두고 있는 이유는 기업 친화적인 델라웨어 주의 법 규제 때문이다. 실제 현지에 가보면 하나같이 평범하고 조용한 건물에 등기만 되어 있는 것을 알 수 있다.

델라웨어 주는 국내에 있는 조세 피난처라는 뜻에서 '국내 조세 피난처'라고도 불린다. 미국에서 설립된 헤지펀드의 대다수가 델라웨어 주에 있다. 그 밖에 네바다나 와이오밍도 규제가 느슨하거나 비밀보호법이 있는 등 미국 각 주의 법 제도 중에는 도저히 다른 나라를 비판할 수 없는 것들이 있다.

그렇다면 월스트리트는 어떨까. 월스트리트는 주식회사 미국의 심장부이다. 물론, 맨해튼 섬 자체가 조세 피난처라는 표현은 정확치 않다. 다만, 기업 회계상 엄청난 실적을 올리는 기업이 미국 내에서 세금을 거의 내지 않는 것만은 분명한 사실이다. 미국 주법의 느슨한 규제와 비밀보호법 그리고 절세 수법을 이용한 낮은 세금 부담의 조합은 '사실상 맨해튼도 조세 피난처이다'라고 해도 전혀 틀린 말은 아닐 것이다.

한편, 나라 전체가 조세 피난처인 곳도 있다. 스위스, 룩셈부르크, 벨기에, 오스트리아 등의 유럽 국가들이다. 이들 나라의 가장 큰 특징은 비밀보호법제이다. 스위스 은행의 비밀보호법이 유명한데 실은 다른 세 나라도 비슷한 비밀보호법이 있다. 이들 네 나라는 국제적인 압력이 거세지자 2009년 이전까지의 태도를 바꾸기로 약속했다. 그 약속이 이행될지는 앞으로 두고 보아야 할 것이다.

왜 있을까?

조세 피난처는 세금이라는 달갑지 않은 부담을 피하고 싶은 인간의 본질적인 욕구에서 생겨났다. 근대에 들어서면서 국가의 역할은 점점 커지는 한편, 국민의 세금 부담은 무거워졌다. 특히, 전쟁의 규모가 커지면서 그 부담은 더욱 커졌다. 게다가 전쟁이 끝나도 부담은 줄지 않는다. 그것은 경제사적 자료를 통해 단적으로 드러난다. 또 근대에서 현대로 옮겨가고, 국가가 복지국가화되면서 그러한 경향은 더욱 강해졌다. 조세 부담이 커지면 그것을 회피하고자 궁리하는 사람들이 나타나게 마련이고, 달리 막을 방법도 없다.

경제의 경계가 사라지고 있는 것도 중요한 이유이다. 무역은 경제 발전에 직결되는 만큼 국제 무역량이 늘어나는 일은 있어도 줄지는 않는다. 한편, 조세 부과와 같은 공권력 행사는 '공법은 국경을 넘지 못한다'는 국제 공법의 대원칙이 있기 때문에 원칙적으로 국가의 영역을 넘지 못한다. 따라서 국경을 넘어 세금을 회피할 방법을 생각해내는 것은 어찌 보면 자연스러운 흐름이다. 카리브 해의 케이맨 제도 등은 그런 지략가들이 만들어낸 일종의 '작품'이다.

조세 피난처로서 기능하려면 어느 정도 기반이 필요하기 때문에 어디든 조세 피난처가 될 수 있는 것은 아니다. 싱가포르는 과거 가난한 어촌이었다. 한 영국인 관료가 싱가포르의 지정학적 중요성을 눈여겨본 이후부터 점차 발전을 거듭하며 국제적인 중계 무역항이 되었다. 싱가포르의 금융가 센튼웨이의 고층 빌딩들은 동양의 맨해튼을 떠올리게 만든다. 천시天時와 지리地利가 필요하다.

반대로 조세 피난처가 되어 국가 생존의 길을 모색하는 경우도 있다. 끝나지 않을 것 같았던 경제 불황을 극복하기 위해 외자 유치에 나선 아일랜드는 세율 인하 정책을 내놓고 국제적인 비난을 받았다. 아일랜드 규모의 나라라면 다른 나라에 미칠 피해가 크기 때문에 금방 주목을 받는다. 하지만 작은 나라의 경우에는 그렇지 않다. 리히텐슈타인이나 모나코 정도는 알아도 산마리노, 안도라 등의 나라를 아는 사람은 많지 않다. 터크스 케이커스와 같은 가리브 해의 섬나라 같은 경우는 재무성 자료에도 국가명이 정확히 쓰여 있지 않았다. 이런 세계 각지의 작은 나라와 지역들이 조세 피난처가 된 것이다.

2 조세 피난처 리스트

조세 피난처의 판단 기준

어떤 나라·지역이 조세 피난처에 해당하는지 판단하는 몇 가지 기준이 있다. 여기서는 우선 1998년 OECD 조세위원회가 공표한 '유해한 조세 경쟁' 보고서의 네 가지 기준을 살펴보자. 그 내용은 다음과 같다.

① 세금이 없거나 명목적인 세금만을 유지

② 정보 교환을 방해하는 법제가 존재

③ 제도 투명성 결여

④ 기업의 실질적 사업 수행 요구 결여

본래 OECD는 미국의 유럽 부흥 계획(마셜 플랜)의 일환으로 설립된 기구이다. 현재는 미국을 비롯한 일본, 캐나다 등 34개국 이른바 '선진국 그룹'이 참가한 국제기구가 되었다. 통계 조사부터 원조까지 경제 활동에 관련된 모든 일을 하고 있다. 조세위원회는 OECD의 주요 조직 중 하나로, 국제 무역에 따른 선진국 간의 이중과세 배격을 최대의 사명으로 활동해왔다. 그 기반이 OECD모델 조세협약이다. 이런 활동을 꾸준히 해왔기 때문에 각국의 세제 동향을 항상 주시했다.

조세위원회가 공표한 이 네 가지 기준은 앞서 이야기한 조세 피난처의 세 가지 특징에 대한 문제의식과도 합치하는 것을 알 수 있다. 조세 피난처 문제의 본질을 고스란히 드러내는 매우 적절한 기준이다.

조세위원회는 '유해한 조세 경쟁' 보고서를 발표한 이후로도 경과 보고서를 내놓으며 이 판단 기준을 재검토했다. 흥미롭게도, 최종적으로 결정된 판단 기준에서는 ②와 ③의 기준만 중시하고 ①과 ④의 기준은 거의 무시되고 있다.

여기서 중요한 것은, 조세 피난처라고 하면 세금이 없거나 적은 나라라는 이해가 일반적인데도 불구하고 ①과 같은 조세 부담에 관련된 기준이 제외되었다는 점이다. 즉, OECD 조세위원회는 조세 피난처의 진짜 문제는 조세 및 금융 거래에 관한 정보가 전혀 공개되지 않는 불투명성, 폐쇄성에 있다는 것을 지적한 것이다.

'유해한 조세 경쟁' 보고서

그렇다면 '유해한 조세 경쟁' 보고서가 발표된 경위를 자세히 살펴보기로 하자. 조세 피난처 문제를 다룰 때 반드시 짚어보아야 할 보고서이다.

'유해한 조세 경쟁' 보고서는 일반적으로 조세 피난처 대책으로 여겨지지만 꼭 그렇지는 않다. 오히려 이 보고서의 진짜 노림수는 선진국의 방종을 억지하는 것이다.

보고서 작성이 발단이 된 것은, 아일랜드의 세율 인하였다. 경제 침체로 어려움을 겪던 아일랜드는 1992년 법인세율을 낮춤으로써 해외의 직접 투자를 유치하고자 했다. 그런 움직임을 포착한 각국 정부는 OECD 이사회에서 아일랜드를 강하게 비판했다. 아일랜드 대표는 회의장에서 얼굴을 붉히며 항변했지만 선진국에서 세율 인하를 시작하면 제동을 걸기 어려운 상황을 맞을 수 있다. 잇따른 세율 인하를 우려한 조세위원회는 선진국들의 방종을 막기 위해 세금 우대 조치와 조세 피난처 문제를 함께 논의하기로 했다. 그리하여 '유해한 조세 경쟁' 보고서가 발표된 것이다. 선진국이 실질적인 조세 피난처가 된 현 상황을 생각하면 선견지명이 아닐 수 없다.

또 조세위원회는 이 최초의 보고서에 이어 2000년에 경과 보고서를 발표했다. 표 1-3과 같이 이 보고서에서는 앞서 말한 네 가지 기준을 근거로 35개 나라와 지역이 처음으로 조세 피난처로서 이름을 올렸다. 직접적으로 조세 피난처를 지목한 이 보고서로, 세계는 충격에 빠졌다.

보고서에는 조세 피난처로 판단되는 나라와 지역이 조속히 대응하지 않을 경우 응분의 조치를 취할 것이라는 취지의 간접적이지만 강제성 있는 문구도 포함되어 있다.

카리브 지역

①앤티가 바부다(영국 연방) ②그레나다(영국 연방) ③세인트 키츠 네비스(영국 연방) ④세인트 빈센트 그레나딘(영국 연방) ⑤세인트 루시아(영국 연방) ⑥도미니카(영국 연방) ⑦바하마(영국 연방) ⑧바베이도스(영국 연방) ⑨벨리즈(영국 연방) ⑩앵귈라(영국 연방) ⑪터크스 케이커스 제도(영국령) ⑫몬트세렛(영국령) ⑬영국령 버진 아일랜드(BVI) ⑭미국령 버진 제도 ⑮아루바(네덜란드 왕국) ⑯안틸레스(네덜란드령) ⑰파나마

태평양 지역

⑱사모아(영국 연방) ⑲통가(영국 연방) ⑳나우루(영국 연방) ㉑바누아투(영국 연방) ㉒쿡 제도(뉴질랜드 자유연합) ㉓니우에(뉴질랜드 자유연합) ㉔마셜 제도(구 미국 신탁통치령)

유럽

㉕지브롤터(영국령) ㉖건지(영국 왕실 속령) ㉗맨 섬(영국 왕실 속령) ㉘저지(영국 왕실 속령) ㉙안도라 ㉚리히텐슈타인 ㉛모나코

그 밖의 지역

㉜세이셸 ㉝바레인 ㉞몰디브 ㉟라이베리아

표 1-3 OECD 조세위원회의 조세 피난처 명단

2000년 최초로 '조세 피난처 명단'을 공개했다.

출전 : OECD 조세위원회 '유해한 조세 경쟁' 2000년 경과보고서

그 내용은 국제사회로부터의 추방 선고와 같은 인상을 주었기 때문에 상당한 효과가 있었다. 다만, 35개 명단에 버뮤다, 케이맨, 키프로스, 몰타, 모리셔스, 산마리노가 빠지는 등 이해하기 힘든 점도 있다.

블랙리스트의 공과

경과 보고서가 발표된 무렵부터 글로벌 포럼이라고 하는 국가 간 협의의 장을 통해 조세 피난처에 대한 감시 활동이 시작되었다. 다수의 국제회의에서 글로벌 포럼이라는 명칭을 쓰고 있는데, 이것은 조세 관련 회의이다. OECD가 사무국을 맡고 있으며, 파리의 OECD본부에서 회의가 열린다.

2008년 리먼 쇼크가 전 세계를 혼란에 빠트렸다. 조세 피난처를 위기의 근원으로 인식한 선진국들은 사상 최초의 G20 정상회의를 개최해 대책을 논의했다. 2008년 11월 워싱턴을 시작으로 2009년 4월에는 런던, 같은 해 9월에는 피츠버그, 2010년 6월에는 토론토에서 잇따라 정상회의가 열렸다. 정상회의에서 나온 가장 중요한 대책 중 하나가 '조세 피난처 퇴치'였다.

2009년 4월 글로벌 포럼은 조세 피난처 퇴치를 위한 블랙리스트를 작성했다. 표 1-4의 명단은 선진국의 금융센터 문제까지 파고들었다는 점에서 획기적인 성과라고 할 수 있다. 한편, 조세 피난처 문제의 오랜 폐단이 드러나기도 했는데 특히 '주注'로 표시한 부분에 잘 나타난다. 다소 깊이 들어가는 면이 없지 않지만, 국제적인 논의의 이면을 엿볼 수 있는 만큼 조금 더 자세히 살펴보기로 하자.

먼저 가장 중요한 내용은, 주1이다. 의미를 파악하기 어려운 면이 있지만 요컨대, 조세 피난처의 판단 기준이 정보교환과 투명성 결여에만 집중되어 있다는 것이다. 낮은 세부담은 조세 피난처 기준의 제1순위에서 밀려나 있다. 이 점은 조세 피난처 문제를 다룰 때 가장 중요한 부분이다.

주2는, 중국의 특별행정구SAR인 홍콩과 마카오가 명단에서 제외된 이유이다. 차마 '중국 정부의 격렬한 반대로, 이 두 지역을 명단에서 제외했다'고 쓸 수 없으니 에둘러 표현한 것이다. 홍콩은 세상이 다 아는 아시아의 유력한 조세 피난처이다. 마카오는 제4장에서 이야기할 북한 비밀계좌 사건의 무대가 되기도 했다. 현재는 두 곳 모두 명

국제적으로 합의된 세금 기준의 이행에 대해
OECD 글로벌 포럼에서 조사한 국가 · 지역에 관한 진척 보고서(주1)

2009년 4월 2일 기준

국제적으로 합의된 세금 기준을 이행하고 있는 국가 · 지역			
아르헨티나	독일	한국	세이셸
오스트레일리아	그리스	몰타	슬로바키아
바베이도스	건지	모리셔스	남아프리카
캐나다	헝가리	멕시코	스페인
중국(주2)	아이슬란드	네덜란드	스웨덴
키프로스	아일랜드	뉴질랜드	터키
체코	맨 섬	노르웨이	아랍 공화국 연방
덴마크	이탈리아	폴란드	영국
핀란드	일본	포르투갈	미국
프랑스	저지	러시아	미국령 버진 제도

- 주1 : OECD 비가맹국과 협력해 OECD가 책정하고 2004년 G20 재무장관 회의(베를린)와 2008년 10월 국제 연합(UN)의 조세 문제 국제협력 전문가위원회에서 국제적으로 합의된 세금 기준은, 자국의 과세 이익이나 은행의 비밀 등에 관계없이 국내 세법의 실시 · 실행의 모든 사항에 요청한 정보 교환을 이행할 것을 요구한다. 동(同) 국제 기준은 또한 교환한 정보의 비밀을 폭넓게 보호한다.
- 주2 : 국제 기준 이행을 약속한 Special Administrative Regions를 제외한다.
- 주3 : Tax Haven은 1998년 OECD 보고서에 의거한 조세 피난처 기준에 해당하는 국가 및 지역으로 2000년에 인정되었다.
- 주4 : 케이맨 제도는 일방적인 정보 교환이 가능한 법률을 제정하고, 그것을 행할 용의가 있는 12개 국가를 특정했다. 이 법률은 OECD에서 검토되었다.
- 주5 : 오스트리아, 벨기에, 룩셈부르크, 스위스는 OECD 조세조약 제26조에 대한 유보를 철회했다. 벨기에는 48개국에 대해 기존 조약의 제26조를 갱신하는 제안을 발표했다. 오스트리아, 룩셈부르크, 스위스는 조약 체결 상대국에 대해 갱신한 제26조를 포함한 조약의 이행 의사를 밝힌 서면을 준비하고 있다는 취지를 표명했다.

표 1-4 글로벌 포럼에서 발표한 조세 피난처 블랙리스트

2009년 조세 피난처 퇴치를 전제로 작성된 명단. 선진국의 금융센터 문제까지 파고들었다는 점에서 획기적이라고 할 수 있다.
출전 : 재무성 주세국 참사관실

국제적으로 합의된 세금 기준의 이행을 약속했지만,
이행이 불충분한 국가 · 지역

국가 · 지역	이행 약속 연도	협정 수	국가 · 지역	이행 약속 연도	협정 수
조세 피난처(주3)					
안도라	2009	(0)	마셜 제도	2007	(1)
앵귈라	2002	(0)	모나코	2009	(1)
앤티가 바부다	2002	(7)	몬세라트	2002	(0)
아루바	2002	(4)	나우루	2003	(0)
바하마	2002	(1)	네덜란드령 안틸레스	2000	(7)
바레인	2001	(6)	니우에	2002	(0)
벨리즈	2002	(0)	파나마	2002	(0)
버뮤다	2000	(3)	세인트 키츠 네비스	2002	(0)
영국령 버진 아일랜드	2002	(3)	세인트 루시아	2002	(0)
케이맨 제도(주4)	2000	(8)	세인트 빈센트 그레나딘	2002	(0)
쿡 제도	2002	(0)	사모아	2002	(0)
도미니카	2002	(1)	산마리노	2000	(0)
지브롤터	2002	(1)	터크스 케이커스 제도	2002	(0)
그레나다	2002	(1)	바누아투	2003	(0)
라이베리아	2007	(0)			
리히텐슈타인	2009	(1)			
그 밖의 금융센터					
오스트리아(주5)	2009	(0)	과테말라	2009	(0)
벨기에(주5)	2009	(1)	룩셈부르크(주5)	2009	(0)
브루나이	2009	(5)	싱가포르	2009	(0)
칠레	2009	(0)	스위스(주5)	2009	(0)

국제적으로 합의된 세금 기준의 이행을 약속하지 않은 국가 · 지역

국가 · 지역	협정 수	국가 · 지역	협정 수
코스타리카	(0)	필리핀	(0)
말레이시아령 라부안 섬	(0)	우루과이	(0)

4월 7일, OECD에서 기준 이행 약속을 발표

단에 올라 있다.

주3은 '유해한 조세 경쟁' 보고서와 경과 보고서를 기준으로 해당 국가와 지역을 조세 피난처로 선정했다고 기술되어 있다. 그 내용을 보면, 당초의 네 가지 판정 기준이 여전히 적용되는 것처럼 보여 주1과 모순된다. 게다가 경과 보고서에서 꼽은 조세 피난처는 35개 국가・지역으로 이 블랙리스트에 오른 30개 국가・지역과도 숫자가 맞지 않는다.

이런 모순점은 영국이 구 식민지인 BVI나 바하마를 옹호하는 등의 국제회의 내막을 모르면 이해할 수 없다. 주권 국가가 각자의 의도를 숨긴 채 이해할 수 없는 주장을 하는 가운데 어떻게든 논의를 마무리 지으려다 보니 이렇게 앞뒤가 맞지 않는 이상한 기록을 남기게 된 것이다.

주4의 의미는, 케이맨 제도가 현재는 블랙리스트에 올라 있지만 국내 입법을 통해 조세정보교환협정TIEA과 같은 조치를 강구하기로 약속했다는 것이다. 이는 정상회의 측에서 독자적으로 정한 규정이 존재한다는 말이다. 이른바, 12개 이상의 국가와 조세정보교환협정을 맺으면 블랙리스트에서 제외한다는 규정이다.

이런 규정 때문에 일본 정부와 조세정보교환협정 체결을 희망하는 조세 피난처가 적지 않다. 그들의 요청을 받아들인 일본 정부는 버뮤다를 시작으로 바하마, 케이맨 제도, 맨 섬, 저지, 건지 등과도 차례로 협정을 맺고 발효 중에 있다.

하지만 이런 협정의 실효성에는 커다란 의문이 남는다. 조세 피난처 당국이 가치 있는 정보를 가지고 있다면, 의미 있는 협정이 될 것이다. 그런데 실제로는 중요한 정보는커녕 애초에 정보를 확보하려고도 하지 않는다. 없는 정보를 교환할 수는 없기 때문이다. 결국, 정보교환협정은 형식에 불과하다. 그것을 모를 리 없는 조세 피난처들이 협정을 맺겠다고 나선 것이다.

주5는, 선진국 가운데 사실상의 조세 피난처로 평가받는 국가들의 행동이다. 오스트리아, 벨기에, 룩셈부르크, 스위스의 4개국이다. 이들 나라는 그때까지 OECD 조세조약의 정보교환협정조차 미룰 만큼 정보 교환에 소극적이었다. 그렇게 완강한 4개국조차 유보를 철회하고 협력적인 태도를 취하기 시작했다. 그런 의미에서 OECD의 블랙리스트 작성은 선진국에 매우 효과적인 압력이 되었다

고 볼 수 있다. 블랙리스트에 오르는 것 자체가 상당한 부담이 되었던 것이다.

도표에 굵은 선으로 표시된 내용은 '가장 악질적인 국가와 지역'이다. 이 표에 있는 코스타리카, 필리핀, 라부안 섬, 우루과이는 당초 '블랙리스트 따위 무슨 의미가 있느냐'는 식의 태도를 보였다. 그런데 막상 블랙리스트가 발표되자 자신들이 가장 악질적인 국가와 지역으로 꼽힌다는 사실을 알았다. 혼비백산한 그들은 서둘러 국제 기준을 따르기로 합의했다. 그런 이유로, 처음 공표된 날로부터 닷새가 지난 4월 7일에 개정된 명단에서는 이 부분이 비어 있다.

나는 가장 악질적인 국가와 지역 부분이 공백이 된 것이 결과적으로는 좋지 않았다고 본다. 조세 피난처들 사이에서 '앞으로는 국제 기준을 잘 따르겠다'는 약속만 하면 국제 사회의 비난을 피할 수 있다는 관측이 돌았기 때문이다. 게다가 블랙리스트가 공표된 후 G20 정상회의에서도 조세 피난처에 흥미를 잃은 듯했다. 조세 피난처 전문가들 사이에서는 블랙리스트의 실효성에 대해 회의적인 의견이 많다. 한편, 조세정보교환협정을 체결하는 국가의 수만큼은 착실히 늘고 있다.

선진국 금융센터

이렇게 다양한 평가가 있지만 이 명단에는 한 가지 매우 유의미한 가치가 있다. 선진국 내의 금융센터 문제를 정면으로 다루었다는 점이다.

표 1-4의 글로벌 포럼에서 발표한 명단은 총 4개로 구분되어 있다. 위에서부터 순서대로 보면 다음과 같다(편의상 A, B, C로 표기).

A 국제적으로 합의된 세금 기준을 이행하고 있는 국가·지역

B 국제적으로 합의된 세금 기준의 이행을 약속했지만 이행이 불충분한 국가·지역

B1 조세 피난처

B2 그 밖의 금융센터

C 국제적으로 합의된 세금 기준의 이행을 약속하지 않은 국가·지역

'국제적으로 합의된 세금 기준'이란 앞서 말한 조세 피난처의 판단 기준인 '효과적인 정보 교환의 결여'와 '제도 투명성 결여'의 두 가지를 가리킨다. A그룹에서는 세계 3대 금융센터 런던, 뉴욕, 도쿄가 있는 영국, 미국, 일본 등도 검토 대상이다. B2그룹에서는 '그 밖의 금융센터'로 오스트리아, 벨기에, 룩셈부르크, 스위스의 4개국을 블랙리스트로 지정했다.

이런 점들은 선진국에 대해서도 문제의식을 갖고 있다는 것을 나타낸다. 선진국의 금융센터도 실은 조세 피난처와 다르지 않다는 사실을 명시한 것이다.

하지만 동시에 영국 왕실의 속령인 저지 섬, 맨 섬, 미국령 버진 아일랜드, 모리셔스와 같은 지역이 당당히 A그룹에 포함되어 있기도 하다. 영국령 버진 아일랜드BVI는 B1그룹에 이름을 올리고 있기는 하지만 '국제적으로 합의된 세금 기준'을 이행할 것을 약속했다. 이런 점들이 이 명단의 한계이며 앞서 이야기한 국제 교섭의 어두운 단면을 드러내는 부분이기도 하다. 국제 정치의 이면에서 시티나 월스트리트가 암약하고 있음을 짐작할 수 있다.

이미 시티와 월스트리트의 권익은 영국과 미국의 국익

그 자체라고 해도 과언이 아니다. 국제자금세탁방지기구 FATF 회의에서는 구 종주국이 구 식민지인 조세 피난처를 옹호하기도 한다. 그런 면에서 영국 재무성은 매우 노골적이다. 언젠가 영국 재무성 측이 바하마를 지나치게 옹호한 나머지 상식을 벗어난 발언을 한 적이 있다. 나는 회의석상에서 당시의 발언을 강력히 비판했다. 그럴 때는 짐짓 무례한 영국식 영어로 에둘러 말해야 한다.

하지만 의도는 분명히 드러났다. 회의장에 긴박감이 감돌자 포르투갈 출신의 길 갈바오 의장은 각국 대표단 전원을 알파벳순으로 지명해 바하마에 대한 대처 방법에 대해 의견을 표명하도록 했다. 결국, 영국은 논쟁을 멈출 수밖에 없었다.

다음 날, 본국의 명령을 받은 영국 대표는 재차 일본의 사죄를 요구하고 나섰다. 하지만 나는 이미 또 다른 회의에 참석하기 위해 암스테르담으로 떠난 후였다. 국제회의는 각자 자국의 이익을 다투는 장이기도 하다. 그런 무대의 이면에서는 불꽃 튀는 대결이 벌어지고 있는 것이다.

영국은 왜 그렇게까지 흥분했을까. 그것은 시티가 금융으로 영국 GDP의 상당 부분(20~30%)을 벌어들이며 조세 수입의 약 10%를 점하고 있기 때문이다. 또 영국은 시티가 존재함으로써 국제사회에서의 발언권을 확보하고 있다. 즉, 시티의 권익에 직결되는 조세 피난처를 지키는 것이 영국의 국익을 지키는 일이다.

영국 재무성의 초대로, 일본의 재무관 격인 고위 관리와 세계 금융 위기에 대해 의견을 나눈 일이 있다. 나는 '자금이 급증해 실물 경제와의 균형이 깨지면서 금융 위기가 정기적으로 발생한다. 원인은 자금이다. 금융 위기의 메커니즘은 지극히 단순하다'라는 오랜 소신을 밝혔다. 내 말이 사실이라고 해도, 시티의 금융으로 번영을 누리는 영국으로서는 참기 힘든 말이었을 것이다. 재무성 고위 관리의 반론은 강경했다.

대처 수상 당시, 금융 빅뱅이라는 대대적인 규제 완화가 이루어지면서 시티는 크게 발전했다. 그와 동시에 과거 '영국병'이라고까지 불리며 야유를 들어온 영국 경제는 침체의 늪에서 빠져나왔다. 시티의 활력을 저해하는 어떠한 논의도 받아들일 수 없다는 영국 정부의 강한 의지가 느껴졌다.

3 역외 금융센터

사전 규제의 중요성

영국의 금융센터인 시티는 일반적으로 '역외 금융센터 offshore center'라고 한다. 조세 피난처에 대한 강연에서 '역외 금융센터와 조세 피난처는 무엇이 다른가?'라는 질문을 종종 받는다. '둘 다 똑같다'는 것이 가장 간단한 대답이지만, 엄밀히 말하면 구별해서 이해할 필요가 있다.

역외 금융센터를 이해하려면 먼저, 규제 행정의 중요성을 염두에 두어야 한다. 금융을 경제의 혈액이라고 하듯이, 자금이 폭주하거나 금융 시스템이 원활하게 작동하지 않을 때 실물 경제는 돌이킬 수 없는 타격을 입는다. 그렇기 때문에 사전 규제를 통해 금융 시스템의 폭주나 기능 저하를 미연에 방지하는 장치를 두는 것이다.

이때 중요한 것은 '사전事前에'라는 점이다. 위기가 일어난 후에 손을 써봤자 소용없다. 사전 규제를 소홀히 했을 때 일어나는 참사는 일본의 원자력 행정이 증명해준다. 금융 행정도 과거 그와 비슷한 경험을 한 바 있다. 구 대장성은 금융 행정에 크게 실패해 1998년 금융 위기를 초래했다. 실패의 원인은 금융 규제 행정과 금융업 보호 행정을 하나의 관청에서 한꺼번에 시행한 일이다. 한 관청에서 두 가지 상반되는 행정을 하다 보니 정책에 모순이 생기고 서서히 규제가 느슨해지다 결국 위기를 맞았다. 그 결과, 대장성이 재무성과 금융청으로 분할된 것이다.

역내와 역외

금융 행정에서는 일반적으로 국내 시장의 내내內內 거래와 내외內外 거래를 규제한다. 그와 별도로 외외外外 거래만은 규제를 완화하고 국내 시장 안에 특별한 '장소'를 마련해 거래를 인정하는 경우가 있다. 또 외외 거래에는 원천징수 등의 세금을 깎아주기도 한다. 그런 특별한 우대 조치를 하는 이유는 국외 거래자들에게 거래 장소를 제공하고 자금을 끌어들임으로써 국내 시장에도 활기를 불어넣을 수 있기 때문이다.

여기서 내내 거래란, 국내 거래자 간의 거래이며 내외 거래란, 국내와 국외 거래자 간의 국경 간 거래이다. 한편, 외외 거래는 국외 거래자 간의 거래를 말한다. 내내 거래

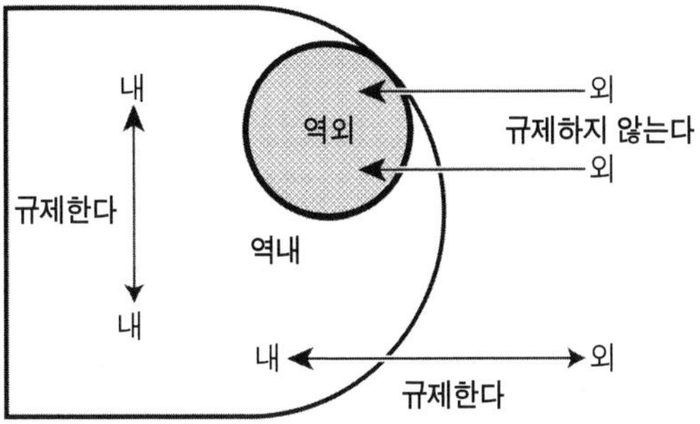

그림 1-5 역외, 역내 시장의 이미지

국내 경제 안에 특별한 '장소'를 마련해 그곳에서만 외외 거래가 가능케 했다. 국내 경제에 끼칠 악영향은 차단하면서 '장소' 사용료를 벌어들여 이익을 얻는 구조이다

혹은 내외 거래가 이루어지는 국내 시장을 '역내 시장', 특별한 우대조치가 있는 외외 거래 시장을 '역외 시장'이라고 부른다(그림 1-5).

'역내', '역외'라는 것은 이미지적인 표현이다. 시점의 위치를 가상의 해안선 상에 놓는다. 역외 시장이라는 명칭은 그 해안선 바로 앞 작은 섬에 있는, 특별한 거래 장소라는 이미지에서 왔다. 한편, 역내 시장은 해안선에서 봤을 때 내륙 쪽에 있는 국내의 일반적인 거래 장소라는 이미지이다. 다만, 그림 1-5에서도 알 수 있듯이 '역외'라고는 해도 실제로는 바다 저편에 있는 것이 아니다.

수많은 국외 거래자들이 역외 시장을 찾아온다. 왜일까. 그만큼 편리하기 때문이다. 일본의 거품 경제가 한창이던 때, 다수의 일본 기업들이 런던에서 거래를 했다. 런던에서 신주인수권부사채를 발행하는 것도, 그것을 사는 것도 일본 기업인 거래가 다수였다. 굳이 런던까지 가서 거래를 하는 이유는, 일본에서는 불가능한 거래를 할 수 있기 때문이다. 또 세 부담을 줄일 수 있는 등, 도쿄 시장에는 없는 이점이 있었다. 런던도 거래 '장소'를 제공함으로써 경제가 활성화된다. 이것이 역외 시장에서 이루어지는 외외 거래의 전형적인 이미지이다.

역외 시장의 두 가지 유형

역외 시장에는 다음의 두 가지 유형이 있다.

①역내와 역외가 명확히 구별되는 유형

②역내와 역외가 구별되지 않는 유형

먼저 ①과 같이 역외 시장이 따로 마련된 이른바, 분리형 역외 시장을 설명하기로 하자. 예컨대, 뉴욕의 IBFInternational Banking Facilities가 분리형 시장이다. 도쿄에도 특별국제금융거래감정JOM이라고 하는 역외 시장이 있다.

앞서 '역외 금융센터를 이해하려면 먼저 규제 행정의 중요성을 염두에 두어야 한다'고 이야기한 바 있다. 국내 경제를 보호하기 위해서는 경제의 혈액이라고 할 수 있는 금융 시스템의 철저한 규제가 필요하다. 그렇기 때문에 금융 규제 행정이 중요하다. 금융 규제로 국내외 거래자들의 거래 형태를 제한함으로써 국내 경제를 지키는 것이다.

가령 당국에서 규제된 거래를 원하는 외국 거래자가 있다고 하자. 당국은 그 외국인이 제한된 거래를 해도 국내 경제에 영향을 끼치지 않는 한 상관없다고 판단했다. 그리고 특별히, 외국인들끼리만 거래할 수 있는 '장소'를 마련해 그곳에서 거래를 하도록 했다. 세금도 면해주었다. 외국인들끼리의 거래이기 때문에 국내 경제에 끼칠 악영향을 막을 수 있고 장소 사용료도 챙길 수 있다.

예컨대, 카지노를 생각해보자. 일본에는 카지노가 금지되어 있다. 하지만 오다이바お台場에 '특구'를 지정해 카지

노를 만든다고 가정해보자. 중국이나 한국에서 온 관광객은 오다이바의 카지노에서 룰렛이며 블랙잭을 즐길 수 있다. 하지만 일본인은 도박죄에 해당하기 때문에 카지노에 들어갈 수 없는 것이다.

한편 ②와 같은 일체형 역외 시장의 전형은 세계적인 금융센터 런던이다. 런던이 '역외 금융센터'로 불리는 이유이다.

1950년대 중반, 런던에는 유로 달러 시장이라는 역외 시장이 생겨났다. 그 후, 서서히 규모가 커지다 케네디 대통령이 달러 방어를 위해 도입한 금리평형세가 거래를 방해하자 미국을 빠져나간 대량의 달러가 유럽으로 모이면서 크게 성장했다.

유로 달러란, 미국이 아닌 주로 유럽 은행에 예치되어 있는 달러를 말한다. 그 후로는 유로 엔과 같이 '유로 ○○'라는 명칭은 달러 이외의 통화도 지칭하게 되었으며, 또한 지역적으로도 유럽에 예치된 통화로 한정짓는 범위에서 벗어났다. 현재는 모국 이외의 장소에 예치되어 있는 모든 통화 앞에 '유로'가 붙는다. '그렇다면 유로 · 유로도 있겠네요?'라는 농담도 심심찮게 듣는다.

유로 달러 시장에는 미국 금융 당국의 규제가 미치지 않는다. '장소'를 빌려준 영국 측에서도 잉글랜드 은행의 독자적인 판단에 따라 규제하지 않기로 했다. 그리하여 역외 시장으로서의 유로 달러 시장이 탄생했다.

당초 영국 재무성은 무無 규제의 문제점을 깨닫지 못했다고 한다. 문제를 깨달았을 때는 이미 규제할 수 있는 상황이 아니었다. 그만큼 유로 시장은 급속도로 발전해 시티를 활성화시켰다.

또 다시 카지노를 예로 들어 생각해보자. 런던을 역내·역외 일체형이라고 한 것은 런던에서는 '카지노' 개설 자체가 합법이며 외국인 관광객뿐 아니라 영국인들도 '카지노'를 출입할 수 있기 때문이다. 기본적으로 런던에서는 규제가 이루어지지 않으며 영국인이나 외국인 모두 차별없이 모든 형태의 거래를 할 수 있다.

조세 피난처와 금융센터

어느 정도 지식을 가진 사람에게 '조세 피난처'에 관해 물으면, 케이맨 제도와 같이 푸른 바다, 잔잔한 바람, 야자수가 우거진 카리브 해의 작은 섬을 떠올린다. 하지만 조세 회피, 자금 세탁, 거액 투기 자금에 의한 경제 파괴라는 세 가지 요소를 보면 선진국의 금융센터를 빼놓을 수는 없다. 악행은 우리가 보지 못하는 먼 바다 저편에서만 이루어지는 것이 아니다.

시티 바로 옆에는 저지, 건지, 맨 섬과 같은 왕실 속령이 있다. 건지와 저지는 도버 해협에 있는 섬이다. 해협Channel에 있기 때문에 채널 제도라고도 불린다. 맨 섬은 영국과 아일랜드 사이에 있는 아이리시 해에 위치한 섬이다. 시티는 손쉽게 이들 조세 피난처를 이용할 수 있다. 머나먼 대서양 저편의 섬들에 집중하느라 가까운 런던의 역외 금융 활동을 놓쳐서는 안 된다. 조세 피난처의 전모는 선진국 금융센터까지 포함한 다중 구조를 전체적으로 조망함으로써 비로소 이해할 수 있다.

대륙의 조세 피난처

영국에 대한 설명이 다소 길어졌다. 다음은 스위스와 같은 대륙의 선진국 조세 피난처에 대해 간단히 이야기하려고 한다.

조세 피난처로서 스위스는 두 가지 특징이 있다. 첫 번째는 낮은 세 부담이다. 스위스는 26개 주로 이루어져 있으며 저마다 강력한 자치권을 지녔다. 윌리엄 텔의 시대로까지 거슬러 올라가는 전통이다. 취리히 남쪽 추크와 슈비츠 등 몇몇 주는 세 부담이 매우 낮다. 제2장에서 이야기할 해리포터 사건은 바로 그 점에 착목한 절세 수법이다.

두 번째는 이른바 '스위스 비밀계좌'로 유명한 은행 비밀보호법이다. 스위스의 은행업은 이 법률을 근거로 예금자의 정보를 일체 공개하지 않았다. 그로 인해 여러 나라의 부유층들이 거액의 자산을 스위스 은행에 숨기거나 온갖 검은 자금이 모여들면서 탈세와 자금 세탁의 온상이 되었다.

그런 스위스도 최근에는 다양한 압력을 받고 있다. 나치 독일에 희생된 유대인의 예금을 착복해 비판을 받기도 하고 미국 국세청IRS의 압력에 굴복해 개인 정보를 공개하기도 했다. 2009년 글로벌 포럼에서는 정보 교환을 약속했다. 자세한 내용은 다음에 설명하기로 하자.

스위스 동쪽의 리히텐슈타인은 프라이빗 뱅킹(부유층 대

상의 자금 운용업)으로 큰돈을 벌어들이는 조세 피난처이다. 리히텐슈타인에 대해서는 제2장에서 자세히 설명하겠다. 그 밖에도 유럽에는 네덜란드, 벨기에, 룩셈부르크 등의 군소 조세 피난처들이 밀집해 있다.

4 조세 피난처 이용법

샌드위치 수법

일본 은행이 작성한 국제 수지 통계(2008년)에 따르면, 일본의 최대 대외 직접 투자 지역은 미국이다. 2위가 네덜란드, 3위는 케이맨 제도이다. 미국이 1위인 것은 당연하다고 쳐도 네덜란드와 케이맨 제도가 그 뒤를 잇는다는 것은 다소 의외일 것이다. 여기에는 그만한 이유가 있다.

네덜란드에는 다양한 우대 세제가 있는데 이를 이용하면 절세가 가능하다. 그렇기 때문에 국제 거래를 할 때 네덜란드를 경유하는 다양한 절세 수법이 등장한다. 네덜란드를 끼워 넣는다는 의미의 이른바 '더치 샌드위치Dutch

Sandwich' 수법이다.

일본과 네덜란드는 조세조약을 체결했다. 이 조약에는 루프홀loophole이 있다. 루프홀이란, 법률이나 조약 내용에 포함된 합법적으로 조세를 회피할 수 있는 수단을 말한다. 일본-네덜란드 조세조약의 루프홀과 일본에서 설립한 익명조합을 이용하면 양국에서 소득세를 내지 않아도 된다.

그런 루프홀을 악용한 사건이 드물지 않게 일어난다. 과세 유무를 다투며 대법원까지 간 경우도 있다. 일본 가이던트Guidant Inc 사건과 오분샤 홀딩스旺文社 Holdings 사건이다. 가이던트 사건은 납세자 측의 승소, 오분샤 사건은 납세자 측이 패소했다.

사실 나는 일본-네덜란드 조세조약 개정 당시 교섭 담당자로서 그런 루프홀을 막지 못한 장본인이다. 그 후, 일본과 네덜란드 양국 정부는 오랜 협상을 거듭하며 조세조약을 재개정함으로써 루프홀을 보완했다. 하지만 재개정 협상에 걸린 시간만 봐도 알 수 있듯이 네덜란드 측의 저항이 만만치 않았다.

네덜란드처럼 자원이 부족하고 산업도 발달하지 않은 나라는 국제 거래를 통해 어떻게든 비즈니스를 성공시켜 경제를 꾸려나가야 한다. 그런 점에서 같은 자원 소국인 일본은 아직 여유가 있는지 모른다.

케이맨 제도는 이미 설명이 필요 없을 만큼 유명한 조세 피난처이다. 최근에는 올림푸스 사건이나 AIJ 자산 운용 사건으로도 이름이 오르내렸다. 중간에 케이맨 제도를 끼워 넣은 국제적 조세 회피는 '케이맨 샌드위치'라는 별칭이 붙었다. 절세(때로는 탈세) 수법을 강구할 경우에는 먼저 케이맨 제도를 이용하는 것이 일종의 기본이 되었다.

다만, 앞서 이야기했듯이 세계적으로 봤을 때 케이맨 제도의 인기는 예전만 못하다. 하지만 국제적인 비즈니스 협상이 서툰 일본인들에게 케이맨 제도는 익숙한 상대이다. 그렇기 때문에 케이맨 제도가 여전히 상위권에 올라 있다.

돌아오지 않는 소득

최근의 국제 수지 통계 발표를 보면 케이맨이 차지하는 비중이 더욱 높아지는 듯 보인다. 일본의 경상 수지 흑자를 떠받치고 있는 것은 소득 수지이다. 무역 수지가 적자인 일본 경제에 경상 수지 흑자를 지지하는 소득 수지는 특히 중요하다. 그런 소득 수지 중 증권 투자 수익은 채권 이자가 커다란 비중을 차지한다. 지금은 유독 케이맨 제도로부터 유입되는 채권 이자가 늘고 있다. 그 최대 이유는 개인 자금이 케이맨에 있는 투자 신탁으로 흘러가기 때문이다.

세금의 세계에서는 온갖 복잡한 수단을 강구해 조세 부담을 줄이려고 한다. 과세 당국도 항상 감시의 눈길을 게을리 하지 않는다. 하지만 더치 샌드위치나 케이맨 샌드위치처럼 복잡한 수법 속에 조세 피난처가 끼어 있으면 여간해서는 전모를 밝히기 어렵다. 국경을 초월한 자금 이동을 좇는 데도 한계가 있기 때문이다.

이런 상황에서는 아무리 소득 과세를 기본이라고 외쳐봤자 이상론이 되어버린다. 예컨대, 고액 소득자가 조세 피난처를 이용해 소득이나 자산을 국외로 빼돌려도 당국은 잡아낼 방법이 없다. 그러면 아무리 훌륭한 세제를 만들어봤자 의미가 없다. 그뿐만이 아니다. 그 피해는 국외로 자산을 빼돌릴 만큼 부유하지 않은 중·저소득층에게 돌아온다. 국경을 초월한 금융 거래와 조세 피난처가 있는 한, 소득 과세의 공평성이 보장되기는커녕 역진 과세가 될 우려마저 있다.

소득세 인상론자들은 이 문제에 명확한 답을 내놓아야 한다. 다만 케이맨 투자 신탁의 경우, 채권 이자의 유입이 파악된 만큼 아직 방법이 있다. 문제는 신탁 등을 이용해 세 부담이 적은 장소에 머무르며 일본에 돌아오지 않는 소득이다. 케이맨에 투자한 자금이나 증권에 투자한 자금이 고스란히 그곳에 있는 것이 아니다. 케이맨을 경유해 다른 선진국으로 흘러간 자금이 또 다른 곳에 투자되어 이자나 배당을 창출할 것이다. 새로 창출된 소득은 어느 선진국 조세 피난처에서 신탁 등을 이용해 세금을 내지 않고 머물러 있을 것이다.

물론 대책이 전혀 없는 것은 아니다. 2012년 세제 개정으로 국외재산조사제도가 도입되었다. 이것은 소득세와 상속세 등의 국외 재산 신고가 누락되는 일이 늘자 국외 재산 보유자를 대상으로 '국외재산조서'를 제출하도록 한 제도이다. 연간 국외 재산 가격의 합계가 5천만 엔을 넘는 개인이 대상이다. 가산세에 대한 특례 외에도 1년 이하의 징역 혹은 50만 엔 이하의 벌금이라는 처벌이 있다. 그마

저도 허점투성이 제도이다.

또 국제 조세 영역에서 유일한 다자간 조약인 '조세행정 공조협약'이 있다. 이것은 정보 교환, 징수 공조, 문서 송달 등에 대한 국제협력을 약속한 협약이다.

1988년에 성립한 이 협약에는 주요 7개국 중 일본만 오랫동안 서명하지 않고 있었다. 하지만 2011년 앞으로의 국제적인 조세 회피 방지에 반드시 필요하다는 세계적 여론에 따라 조약에 서명했다. 아직 발효도 되지 않은 데다 제대로 기능할 수 있을지도 불확실하다. 그래도 해보지 않으면 모르는 것이다. 탈세 · 조세 회피가 횡행하는 오늘날에는 이 협약에 동참하지 않을 수 없다.

금융 서비스의 이면

유럽에 리히텐슈타인이라는 나라가 있다. 스위스 동쪽에 인접하며 군사 외교 등은 스위스에 위임하고 있는 작은 대공국大公國이다. 우표 수집가들 사이에서 유명한 나라로, 대공 부부의 사진이 들어간 우표가 가장 인기가 많다고 한다. 눈이 잔뜩 내리던 추운 겨울날, 리히텐슈타인의 수도 파두츠를 방문한 적이 있다. 대공의 성이 있는 산에 올랐을 때, 대공비가 손자와 함께 눈사람을 만드는 모습을 보기도 했다.

파두츠 거리를 걸으며 가장 놀랐던 것은 수많은 프라이빗 뱅크였다. 프라이빗 뱅크란, 개인의 자산 관리를 전문으로 하는 은행이다. 유럽과 미국을 비롯한 각국의 부자들 중에는 리히텐슈타인의 프라이빗 뱅크에 계좌를 두고 있는 사람이 많다. 2006년 리히텐슈타인은 그런 프라이빗 뱅크에 의해 궁지에 빠졌다. 그 사건에 대해서는 제2장에서 자세히 소개하기로 하자.

프라이빗 뱅크를 둘러싼 사건이 끊이지 않는다. 미국 시티은행의 프라이빗 뱅킹 부문은 2004년 도쿄 시장에서 일으킨 불상사로 금융청 감사에 적발 당했다. 현재 시티은행의 프라이빗 뱅킹 부문은 일본에서 영업을 하지 않는다. 그 전에도 미국-스위스 합작 은행인 크레디트스위스퍼스트보스턴CSFB이 증권 거래 등 감시위원회SESC의 조사를 받은 일이 있다. SESC는 조사 시작과 동시에 가장 먼저 삭제된 메일을 복원해 자료를 재현했다. 이 조사 방식이 발군의 효과를 발휘하면서 거짓이 드러난 크레디트스위스는 불상사에 관해 해명하지 않을 수 없었다. 크레디트스위스 퍼스트보스턴 은행 도쿄 지점은 일본에서의 은행업 면허 취소 처분을 받았다.

당시 크레디트스위스의 간부였던 모 씨는 아무렇지 않게 규제 위반을 일삼기로 유명했다. 나는 빌 맥도너 뉴욕 연방준비은행 총재와 하워드 데이비스 영국 금융감독청FSA 청장에게 '미국과 영국이 왜 그런 인간을 시장에 그냥 두는 것인지' 따졌다. 두 사람 모두 답변을 회피하는 듯한 모습이 의아했다.

그 이유를 한참 후에야 깨달았다. 롱텀캐피털매니지먼트LTCM의 파산 당시, 맥도너 총재는 주요 금융 기관에 자금 출연을 요청했다. 그때 소집된 각 금융 기관의 수뇌들 중 문제의 모 씨가 있었던 것이다. 그런 그도 얼마 지나지 않아 금융계에서 영구 추방되면서 뉴욕 타임즈 1면을 장식했다.

이런 사건은 외자계 금융 기관이 하고 있는 서비스의 이면을 엿볼 수 있다. 하지만 어쩌다 수면 위로 떠오른 빙산의 일각일 뿐이다. 외자계 금융 기관의 노회함에 비하면 일본의 금융 기관은 아직 아마추어 수준으로 좋게 말하면 성실한 우등생이다. 거품이 한창일 때 그리고 거품이 꺼진 후 일본의 금융 기관이 외자계 금융 기관에 잠식되는 모습은 프랭크 파트노이가 쓴 『피아스코FIASCO』라는 책에 생생하게 묘사되어 있다. 굳이 자세히 설명하지는 않겠지만, 일본인이 금융업에 있어 천부적인 재능을 타고난 민족이 아니라는 것만은 분명해 보인다.

제2장
달아나는 부유층

1 절세 · 조세 회피 · 탈세

애매한 경계

먼저 절세, 조세 회피, 탈세라는 개념을 구별해두자.

절세란, 비난받을 성질 없이 세금을 줄이려는 노력이다. 절세의 전형적인 예로, 캐피탈 게인Capital Gain 과세가 있다. '캐피탈 게인'이란 토지 등의 자산 가격 상승에 따른 수익을 말한다.

캐피탈 게인 과세는 다소 까다로운 부분이 있다. 일본의 양도 소득 과세는 5년을 경계로 단기와 장기로 구분되며 장기 양도 소득이 세 부담이 적다. 5년이라는 기한은 납세자에게 하나의 분수령이 된다. 예컨대, 4년 반쯤 가지고 있던 땅을 팔 생각이다. 만약 양도 소득 규정을 알고 있다면, 반 년 더 기다렸다 팔 것이다. 누구도 비난받을 행위라고는 생각지 않는다. 이것이 단순히 설명되는 절세의 전형적인 사례이다.

탈세는 '위장 · 은폐' 따위의 중가산세가 부과되는 행위 혹은 '사기나 그 밖의 부정한 행위'로 포탈죄에 해당하는 행위이다. 이중장부를 만들어 매상 일부를 빼돌리거나 거짓으로 기입하는 등의 행위가 전형적이다.

위와 같은 절세와 탈세의 중간에 위치하는 것이 조세 회피이다. 조세 회피란, 비난의 대상이 되며 당장 과세 처분을 해야 할지 말지를 판단하기 어려운 행위이다. 조세 회피와 절세의 경계가 분명치 않으며 조세 회피와 탈세도 마찬가지이다. 지금껏 많은 석학들이 나름의 기준으로 경계선을 긋기 위해 노력해왔다. 하지만 이론적으로나 현실적으로 그것을 명확히 구분 지은 예는 없었다.

일본의 부유층

외국에는 상상을 초월할 정도의 부호들이 있다. 록펠러나 로스차일드 가문의 자산은 작은 나라는 물론이거니와 선진국의 GDP 정도는 발끝에도 미치지 못할 정도에 이른다. 영국의 자산가 순위에서는 왕가가 단연 1위이다. 2010년 경제전문지『포브스』가 순자산을 바탕으로 추산한 미국의 400대 부호 명단을 보면 1위가 500억 달러의 빌 게이츠, 2위는 400억 달러의 자산을 보유한 워런 버핏이었다. 빌 게이츠는 마이크로소프트 사의 공동 창업가이며 워런 버핏은 장기 투자의 귀재로 유명한 투자가이다. 크레디트스위스가 추정한 5,000만 달러 이상의 순자산을 가진 부유층은 1위가 미국(38,000명), 2위 중국(4,700명), 3위 독일(4,000명), 4위가 일본(3,400명) 순이다.

일본 사회는 경제적 평등을 특색으로 여기며 작은 부자는 있어도 큰 부자는 없다고 믿어왔다. 확실히 일본은 미국처럼 막대한 자산을 가진 대부호는 없다. 하지만 위의 숫자로도 알 수 있듯이 일본의 개인 부유층은 생각보다 훨씬 많다. 바꿔 말하면, 일본에도 소득이나 자산을 늘리기 위해 절세에 골몰하는 사람들이 적지 않다는 것이다.

어느 정도 소득을 얻게 되면 금융 기관이나 증권회사로부터 다양한 금융 상품에 대한 권유가 줄을 잇는다. 진짜 부유층들은 훨씬 더 복잡하고 전문적인 절세 상품에 가입한다. 그런 개인 부유층이나 가족 회사는 전문 팀을 따로 두기도 하고 그들의 지도하에 자산 운용과 세무 대책을 세우기도 한다. 이런 사실은 이제껏 법정에서 다투었던 절세 사례를 하나하나 검토해야만 알 수 있다. 이제부터 그런 구체적인 사례를 살펴보기로 하자.

2 조세 피난처 사건 기록—1

다케후지 사건

국제 거래가 가능하고 바다 저편에 조세 피난처가 기다리고 있는 한 조세 부담은 역진적이 될 것이라고 이야기했다. 고액 소득자가 되면 경제적으로도 여유가 생기기 때문에 전문 세무사나 회계사 그리고 변호사를 함께 고용해 세 부담을 줄일 수 있다. 다케후지武富士 사건이 바로 그런 전형적인 예이다. 이 사건은 고액 소득자라면 누구나 조세 피난처를 이용해 과세를 피할 수 있다는 것을 보여준 실례이다.

상속세와 증여세는 반드시 한 세트로 묶여 있다. 만약 상속세는 있는데 증여세가 없다면 상속세를 내지 않기 위해 생전에 전 재산을 증여하는 사람이 나올 것이다. 그런 일을 막기 위해 상속세에는 반드시 증여세가 함께 따라온다. 단, 캐나다나 싱가포르 등 상속세 자체가 없는 나라나 지역도 있다.

지금은 개정되었지만, 과거 일본의 상속세법에는 커다란 루프홀이 있었다. 국외에 보유한 자산을 일본 비거주자에게 증여하는 경우, 설령 상대가 일본 국적을 가졌다고 해도 증여세가 부과되지 않는 조항이다. 다케후지 사건은 그 점을 이용했다.

이 사건에서는 아버지가 일단 아들을 홍콩에 보낸 후 고작 1년간이었지만 일본 상속세법상의 비거주자로 치부해 일본 국외에 있는 자산을 증여했다. 이렇게 하면 당시의 상속세법상 증여세가 부과되지 않는다. 게다가 홍콩은 상속세는 물론 증여세도 없기 때문에 아들은 세금을 한 푼도 내지 않아도 된다. 즉, 이중비과세가 되는 것이다.

아버지가 증여한 자산 총액이 명확히 밝혀지지는 않았지만 국세청은 홍콩에 살고 있던 아들의 주소가 일본에 있다는 것을 인정해 증여세 과세 처분을 내렸다. 과세 처분 금액은 1,585억 엔(그중 주세는 1,330억 엔)이었다.

이 사건의 재판은 대법원까지 갔다. 결국, 2011년 대법원 제2소법정은 아들이 일본 거주자가 아님을 인정해 과세 처분을 취소하는 판결을 내렸다. 1,585억 엔의 증여세를 되돌려주었을 뿐 아니라 400억 엔 가량의 환급가산금까지 지급했다.

이 사건은 주소의 정의라는 소위 법의 빈틈을 노린 조세 회피였다. 제2소법정의 스도 마사히코須藤正彦 재판장(변호사 출신)은 보충 의견을 통해 이런 판결을 내린 구체적 타당성에 대해 고충을 토로하면서도 국가는 법이 정한 범위를 넘어 과세할 수 없음을 재차 설명했다.

일본의 헌법 제84조에는 조세법률주의가 명시되어 있다. 조세법률주의란, 법률의 근거 없이는 과세할 수 없다는 입헌 역사상으로도 매우 중요한 지위를 점하는 규정이다. 조세법률주의 원칙에 따르면, 아무리 구체적 타당성이 없다고 여겨져도 그런 판결을 내릴 수밖에 없었던 것이다.

조세 피난처를 이용한 조세 회피 방지라는 관점에서 법제도의 정비가 이루어져야 한다. 실제 그 후로 상속세법이 개정되면서 다케후지 사건으로 악용되었던 법의 맹점을 보완했다.

필름 리스 사건 등

다케후지 사건은 증여세를 둘러싼 일이었지만, 소득세에 관련된 조세 회피 사건도 있다. 필름 리스 사건, 항공기 리스 사건, 애리포터 사건 등이다.

필름 리스 사건이란, 영화의 감가상각이 2년이라는 지극히 짧은 기간에 이루어지는 점을 이용한 사건이다. 상각 기간이 2년이기 때문에 1년째에는 거액의 상각손실이 발생하게 된다. 그 점을 이용해, 조합을 만들고 외국에서 제작된 영화 필름에 투자하는 절세 수법을 고안했다. 1년째 큰 상각 손실이 발생하면, 그것을 손실 금액으로 처리해 소득세를 대폭 줄이는 수법이다.

2006년 대법원은 소득세법상의 감가상각 규정에 있는 '기업의 수익 창출에 기여하기 위한'이라는 문구에 착안해 영화 필름에 투자하는 수법은 절세 목적이지 '기업의 수익 창출에 기여하기 위한' 것이 아니라고 판단했다. 무심코 지나칠 수 있는 문구를 해석해 과세청의 손을 들어준 것이다.

항공기 리스 사건도 비슷한 수법인데 여기서는 투자 대상이 항공기였다. 이 사건은 대법원에서 패소한 국가가 상고하지 않으면서 납세자 측의 승소가 확정되었다. 국가가 상고하지 않은 이유에 대해서는 다양한 억측이 있었지만 정설은 밝혀지지 않았다. 통상산업성(당시)의 국책관계설이 있다. 필름 리스 사건은 과세 처분을 받았지만 항공기 리스 사건은 과세 처분 없이 마무리되었다. 이처럼 절세와 조세 회피의 경계선을 구분 짓는 것은 쉽지 않다.

이 두 사건의 공통점이 있다면, 절세 상품을 고안해 판매하면 그것을 구입해 소득세 부담을 줄이려는 고액 소득자가 있으며 아주 잘 팔린다는 사실이다. 나도 몇몇 사건에 감정 혹은 대리인으로 관여한 바 있어 속사정을 잘 알고 있지만 비밀 유지 의무 때문에 밝힐 수는 없다.

미국에서는 '택스 쉘터Tax Shelters'라고 불리는 절세 상품이 예사로 판매된다. 미 국세청IRS은 남용적 택스 쉘터 명단을 만들어 일정 기간 개시하도록 했다. 2012년 대선에서는 공화당의 롬니 후보가 택스 쉘터를 이용해 소득세의 실효세율을 13%로 줄인 일이 문제가 되기도 했다.

해리포터 사건은 베스트셀러 소설 『해리포터』 시리즈의 일본어판 번역자가 스위스로 이주하면서 일본법상 비거주자로 소득세를 내지 않은 사건이다. 국적은 일본인이지만 일본에 살지 않으면 법률상으로는 소득세를 납부할 의무가 없다. 이 사건은 일본-스위스 조세협약 규정에 따라 과세 당국 간의 상호 협의를 거쳐 번역자를 일본 거주자로 인정했다.

스위스는 세 부담이 낮고 전 세계 고액 소득자들이 이주하는 나라로 유명하다. 스위스에는 26개 주가 있는데 그 중에서도 추크 등의 일부 주는 특히 조세 부담이 가볍다. 세계적인 오페라 가수는 가극장 측에서도 계약이 쉽지 않게 마련인데 취리히의 오페라하우스에서는 유명한 가수들이 출연하는 공연이 자주 열린다. 그런 가수들은 대부분 스위스에 살고 있다. 취리히 오페라하우스의 일화만 보더라도 스위스가 얼마나 전 세계 고액 소득자들에게 편리한 조세 피난처인지 알 수 있다.

UBS 사건

UBSUnion Bank Of Switzerland 사건으로 알려진 이 사건의 전말은 다음과 같다. UBS는 스위스를 대표하는 대형 은행이다. 기업 구조는 여러 나라에 복잡하게 전개된 탓에 쉽게 들여다볼 수 없지만 핵심 사업은 보험회사로 알려졌다. 그런 UBS에 도전한 상대는 미국 국세청IRS이었다. IRS는 강경하기로 유명한 과세청으로 'IRS가 온다'고 하면 우는 아이도 울음을 그칠 정도라고 전해진다.

미국 국내의 부유층을 집중 조사하던 IRS는 한 납세자의 UBS 비밀계좌를 적발했다. '적발했다'고는 하지만 수많은 개인 부유층과 범죄자들이 스위스 은행에 비밀 자금을 숨기고 있다는 것을 모르는 사람은 없었다.

스위스 금융업이 번영을 누릴 수 있었던 것은 은행 비밀보호법(스위스 은행법 47조 비밀보호 조항)이 있었기 때문이다. 나는 과거 스위스의 수도 베른에서 일본-스위스 연차 금융 협의 자리에서 이 문제를 언급한 일이 있다. 스위스의 금융감독 당국은 거세게 항변하며 격앙된 반응을 보였다. 회의가 끝난 후에도 회의장 밖에까지 쫓아와 큰 소리로 설명하려고 했다. 그만큼 위기감을 가지고 있는 것이다.

그런 스위스의 심장과도 같은 UBS를 공격한 IRS의 무기는 '존 도 서몬즈John Doe Summons(포괄적 정보 제출 명령)'였다. 존 도John Doe는 주로 범죄 수사에서 신원 불명의 시체를 가리키는 표현이다. 서몬즈Summons는 소환장을 뜻하며 재판소에서 빌부한다. 즉, 존 도 시몬즈린 상대방의 신원을 특정하지 않은 소환장을 말한다.

2008년 IRS는 소환장을 발부해 UBS에 있는 미국 납세자들의 계좌 정보 개시를 요구했다. 한 나라의 과세청이 국경을 초월해 다른 나라 은행에 정보 개시를 강제하는 일은 지극히 이례적이다. 아무 나라나 할 수 있는 일이 아니다. 국제 예양의 관점에서 보면 오히려 주권 국가를 상대로 해서는 안 될 행동이다. 하지만 UBS가 적절히 대응하지 못하면 미국 국내 사업에 심대한 영향을 끼친다. 심지어 직원들까지 기소 당했다. 궁지에 몰린 UBS는 조금씩 양보해가며 사태를 수습하려고 했지만 IRS는 강경한 태도를 굽히지 않았다. 마침내 양국 연방정부까지 개입해 국제 문제로까지 번졌지만 결국에는 양국 정부가 일정 정도의 정보 개시에 합의했다.

그런데 이번에는 스위스의 대법원과 국회가 발끈해 관련 정부 간 합의의 효력을 인정할 수 없다는 움직임이 일었다. 스위스의 은행업이 스위스 경제에서 차지하는 비중을 생각하면 당연한 일이었다. 국가 경제의 기반이 흔들릴 수도 있는 일이었다. 국민투표제로 유명한 스위스인 만큼 정부 간 합의도 국민 투표로 결정해야 한다는 논의로까지 발전했다.

다만, 시기가 좋지 않았다. 2008년 첫 G20 정상회의가 개최되면서 글로벌 포럼이 조세 피난처 블랙리스트를 내놓자 스위스도 국제적인 여론을 무시할 수 없었다. 결국

UBS는 IRS에 4,450건의 계좌 정보를 제공하기로 합의했다. 하지만 미국은 여기서 그치지 않았다. IRS는 자진 신고 프로그램voluntary disclosure program을 만들어 해외 계좌에서 발생하는 신고 소득을 자발적으로 신고하면 과태료를 줄여주는 조치를 시행했다. 그러자 자진 신고한 사람이 15,000명에 이르렀다.

이 사건으로 스위스의 악명 높은 은행 비밀보호법은 실효성을 잃었다고 한다. 물론, 그 말이 사실인지 아닌지는 알 수 없다. 단순히 자국 은행의 비밀보호법을 상품화하려는 경쟁 국가가 스위스의 발목을 잡으려고 벌인 일인지도 모른다. 어찌 됐든, 앞으로 미국인들이 UBS에 비밀계좌를 만드는 일은 줄어들 것이다.

리히텐슈타인 LGT 사건

2006년 리히텐슈타인의 LGT 사건도 지구적 규모의 큰 소동으로 번졌다. 리히텐슈타인이 프라이빗 뱅크로 번영을 누리고 있다는 것은 앞서 이야기했다. 개인 부유층 대상의 자산 운용을 전문으로 하는 프라이빗 뱅크에는 조세 회피나 비밀보호법 문제가 늘 따라다닌다.

LGTLiechtenstein Global Trust는 리히텐슈타인의 프라이빗 뱅킹 그룹 중 한 곳이다. 리히텐슈타인 LGT 사건은, LGT의 사원이 고객 명부를 빼내 독일의 연방정보국BND에 팔아넘긴 일이 발단이 되었다. 왜 그런 일을 저질렀는지 또 독일 연방정보국은 왜 그런 정보에 큰돈을 지불했는지는 여전히 밝혀지지 않았다. 다만, 독일 연방정보국이 공작 활동을 벌이던 중 우연히 고객 명부를 손에 넣게 된 것만은 틀림없다.

어쨌든 그로 인해 독일의 개인 부유층들이 LGT에 은닉한 비밀계좌가 발각되었다. 고객 명부에는 도이체 포스트의 클라우스 춤빈켈 회장의 이름도 있어서 세상을 떠들썩하게 했다. 결국, 춤빈켈 회장은 사임했다.

독일 과세 당국이 자국의 탈세자를 추궁한 것은 당연한 일이지만 독일 정부는 거기에 그치지 않고 리히텐슈타인을 압박해 독일 납세자들의 조세 회피를 방지하는 조치를 요구했다. 당연히 프라이빗 뱅킹에 있는 비밀계좌에 관한 정보 제공이 중심이었을 것이다. 스위스에 군사 외교 권한을 위탁한 소국 리히텐슈타인과 유럽 제일의 경제 대국 독일 간의 교섭이었다. 독일이 얼마나 고압적인 자세를 취했을지 불 보듯 뻔하다.

리히텐슈타인의 황태자는 독일의 압박에 크게 당혹해 하면서 '대국이 소국을 괴롭힌다'며 항의했다. 리히텐슈타인이 프라이빗 뱅킹으로 번영한 조세 피난처라는 것은 앞서 말한 그대로이다. 리히텐슈타인으로서는 국가의 운명이 걸린 문제였다.

독일 당국의 세제나 법 집행이 건전해도 주변에는 고액 소득자를 유혹하는 나라들이 포진해 있다. 예컨대, 옆 나라 오스트리아에도 은행 비밀보호법이 있다. 이는 나치 독일의 쓰라린 경험이 남긴 것으로, 헌법상의 구속력이 있기 때문에 지금도 그 관행을 고수하고 있다. 주말이 되면 오스트리아의 은행을 이용하려는 독일인들의 차량으로 국경 지대 도로는 심한 정체를 겪는다. 근면 성실한 독일인들의 이미지와 어울리지 않는 실로 현실적인 광경이다.

3 몰락하는 중간층

강한 경제는 두껍고 건전한 중간층부터

일본이 막강한 경제력을 자랑했던 고도 성장기에는 두껍고 건전한 중간 소득층이 있었다. 일본뿐만이 아니다. 강한 경제의 배경에는 반드시 두꺼운 중간 소득층이 존재한다. 거꾸로 말하면, 빈부 격차가 심하고 양극화된 사회에는 강한 경제를 기대할 수 없다. 오늘날 일본 사회의 양극화가 심화되고 있다.

두꺼운 중간 소득층이 강한 경제의 필요 요소 중 하나라는 것은 쉽게 이해할 수 있다. 중간 소득층이 열심히 일하고 정당한 보수를 받아 그 보수로 소비 생활을 하면 경제는 점점 성장한다. 경제가 성장하면 보수는 더 늘어난다. 자연히 소비도 늘고 경제는 더욱 성장한다. 이런 선순환이 국가 경제를 탄탄하게 만든다. 과거 일본의 고도 성장기를 떠올리면 된다.

그에 비해 개발도상국에서는 극소수의 지배 계급이 부를 독점하는 것도 모자라 국외로 빼돌리기 때문에 공적 개발 원조ODA의 실효성이 반감되는 일도 종종 일어난다. 그렇게 빼돌린 부는 자연히 조세 피난처로 향한다.

지니 계수

지니 계수라는 통계학적 지표가 있다. 통계 수치를 바탕으로 소득 분포 상황을 나타내는 지표이다. 표 2-1을 살펴보자. 일정 수식(이 수식을 설명하려면 복잡한 수학이 필요하므로 타 도서에 양보하기로 한다)을 바탕으로 사회 전체의 소득 구조를 수학적으로 표현하면 그림과 같은 곡선 이른바, 로렌츠 곡선이 된다. 소득 분배가 완전히 평등하면 즉, 빈부의 격차가 전혀 없으면 로렌츠 곡선은 45도선과 일치한다. 지니 계수란, 로렌츠 곡선이 45도선에 얼마나 근접했는가를 나타내는 지표이다. 지니 계수는 0에서 1까지의 값을 가지며 소득 분배가 완전히 평등하면 0, 완전히 불평등하면 1이 된다.

일본은 후생노동성에서 3년에 한 번 소득 재분배 조사를 통해 지니 계수를 발표한다. OECD에서도 매년 『팩트북Fact Book』이라는 정기 간행물을 통해 지니 계수를 국제 비교하고 있다(표 2-2). 그 내용을 보면 OECD 회원국 중에

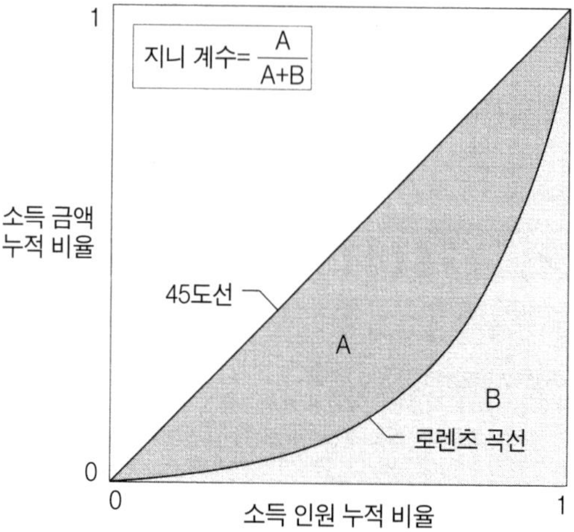

표 2-1 지니 계수와 로렌츠 곡선

지니 계수는 로렌츠 곡선이 45도선에 얼마나 근접했는지를 나타내는 수치이다. 소득 분배가 완전히 불평등하면 1, 완전히 평등하면 0이 된다. 그림의 A, B는 면적을 나타낸다.

서 일본의 지니 계수는 중간 정도를 차지한다. 즉, 일본의 소득 분배가 대체로 평등하다는 결과이다.

하지만 이것은 어디까지나 공표된 자료에 근거한 결과이다. 공표된 자료 이면에 숨은 실상은 반영되지 않았다. 숨은 실태를 정확히 파악하기는 어렵지만 그 모든 것을 포함한다면 아마 일본의 소득 분배는 상당히 불평등한 수준

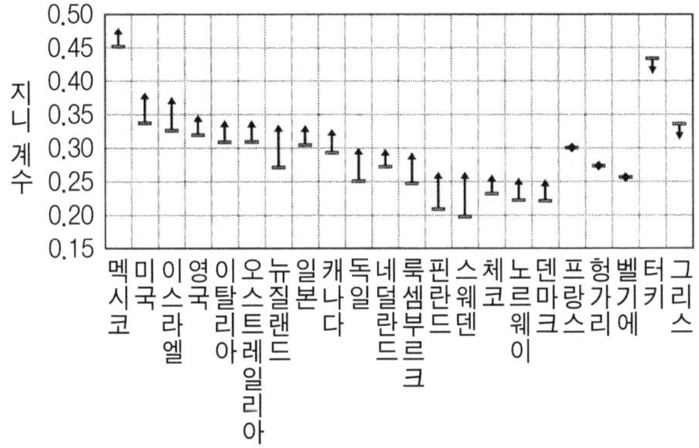

표 2-2 지니 계수의 국제 비교 (2008년)

□는 1985년 각국의 지니 계수. ▲는 계수가 상승한 나라의 수치, ◆는 계수가 변하지 않은 나라의 수치, ▼는 계수가 하락한 나라의 수치.
출전 : An Overview of Growing Income Inequalities in OECD Countries: Main Findings. © OECD 2011

으로 나타날 것이다. 이 책의 첫머리에서 이야기한 그대로이다.

신자유주의 경제 이론이 경제적 자유에 대한 정부의 개입에 이의를 제기한 이래 소득 분배의 불평등을 시정하려는 동기 부여도 힘을 잃는 경향을 보인다. 따라서 세계적으로도 소득 분배의 격차가 확대되고 있다. 정부가 아무것도 하지 않으면, 부자들은 점점 더 부유해지고 가난한

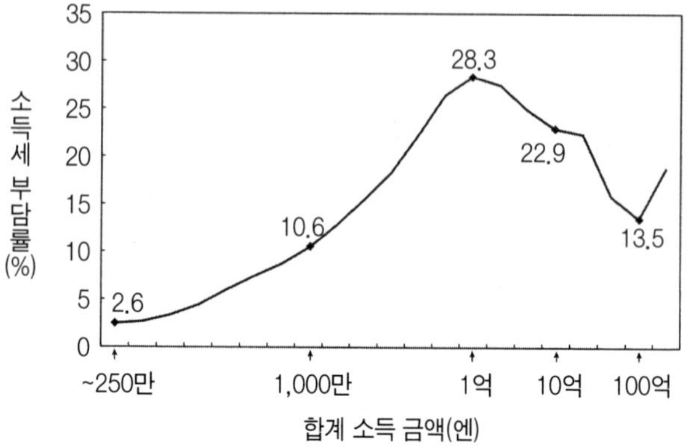

표 2-3 신고 납세자의 소득세 부담률(2010년도)

서장의 표 1을 다시 실었다. 출전: 2010년 10월 21일 정부 세제 조사회 전문가 위원회 제출 자료

사람은 점점 더 가난해지기 때문이다. 과거 일본 경제의 기둥을 떠받치던 중간 소득층이 무너지고 몰락하면서 급기야 경제력까지 저하시킨다.

흔들리는 재정 기반

그런 경향에 박차를 가한 것이 조세 피난처를 이용한 고액 소득자들의 조세 회피와 탈세이다. 이 책의 첫머리에서 소개했던 일본의 소득세 부담률 도표를 다시 한 번 살펴보자(표 2-3). 소득 총액 1억 엔을 경계로 세 부담이 급격히 낮아지는 것을 볼 수 있다.

앞에서도 이야기했지만, 여기서 주의해야 할 것은 이 도표는 어디까지나 국세청이 파악하고 있는 소득을 근거로 산정한 것이다. 실제 파악이 안 된 소득이 꽤 많을 것으로 여겨진다. 따라서 이 곡선은 현실적으로 더 크고 급격하게 낮아질 수 있다.

앞서 소개한 지니 계수가 실태를 온전히 반영하고 있지 못한 이유는 원래대로라면 일본의 국고로 들어가야 할 막대한 금액의 소득세가 다른 곳으로 빼돌려지기 때문이다. 세 부담의 공평성을 해치는 행위로 인해 국가의 재정 기반이 뿌리째 흔들리는 것이다.

부유층의 조세 회피가 끼치는 피해

어떤 나라든 국가 경제의 한 축인 공공 부문(혹은 정부 부문)에서는 일정 수준 이상의 공공 서비스를 제공한다. 예컨대, 야경국가로 불리는 '작은 정부'조차 시민의 안전을 지키는 치안책과 같은 공공 서비스를 제공해야 한다.

21세기형 복지국가로서 수준 높은 복지 서비스를 제공하려면 공공 부문은 더욱 비대해진다. 그런데 공공 부문의 비대화를 피하기 위해 복지국가를 지양한다면 어떻게 될까. 오늘날 미국처럼 일본에서는 당연하게 여겨지는 의료 보험 등의 공공 서비스조차 제공할 수 없는 사회가 된다. 2012년 미 대선에서 공화당의 롬니 후보가 지명한 라이언 부대통령 후보는 대표적인 '작은 정부론자'였다.

일본이 미국식 '작은 정부'를 받아들일 것이라고는 생각지 않는다. 오늘날 일본에는 일정 규모의 공공 서비스가 필요하다는 국민적 합의가 있다. 그런 일정 규모의 공공 부문 지출에 필요한 재원은 기본적으로 세금으로 충당해야 하지만 세수가 줄면 자연히 공공 부문 지출에 돌아갈 재원도 줄어든다. 국채도 재원이 될 수 있지만 후대에까지 부담을 전가하는 셈이다.

이처럼 공공 부문 지출이 한계를 맞고 있는 상황에 고액 소득자들은 세금 대책을 세워 과세를 회피하고 있다. 그 피해를 고스란히 떠안는 것은 중간 소득층이다. 심한 경우, 저소득층에까지 세 부담이 가중되면서 복지 후퇴라는 여파를 가져온다. 부유층의 조세 회피로 손해를 보는 것은 성실하게 세금을 낸 중간 소득층과 저소득층이다. 중간 소득층이나 저소득층은 부유층처럼 소득이나 자산을 조세 피난처로 빼돌려 과세를 피할 수 없기 때문이다.

그럼 어떻게 해야 할까. 예컨대, 미국식 시티즌십Citizenship 과세라는 방법이 있다. 시티즌십 과세는 거주성이 아닌 국적으로 소득 과세를 하는 방식이다. 또 미국을 비롯한 몇몇 국가에는 국외로 이주할 때 출국세(제6장에서 상세히 기술)를 부과함으로써 과세 회피를 방지하는 세제가 있다.

더 나아가 미국은 2013년 1월부터 해외금융계좌신고법FATCA을 시행했다. 이 법률에 따라 미국의 관할권이 미치지 않는 해외 금융 기관FFI도 미 국세청과 협약을 통해 미국인들의 계좌 정보를 보고해야 했다. 협약을 맺지 않으면 과태료로 30%의 원천 징수세를 부과하는 강력한 제도이다. 일본도 2012년 국외재산조서제출제도를 도입했다. 또한 여러 나라에서 자진신고제도를 시행하고 있다. UBS 사건에서 소개한 자진신고제도가 그 전형으로 자진해서 보고하면 과태료나 벌칙을 줄여주기도 한다.

바람직한 세제와 집행 가능성

현재, 일본의 재정은 선진국 중에서도 최악의 상황이다. 소비세율을 20%로 인상한다고 해도 기초 재정 수지PB · Primary Balance를 회복하기는 힘들다.

공공 경제학적 관점에서 소득세와 소비세 중 이론적으로 더 뛰어난 것은 어느 쪽일까. 가치 판단의 영역에 속하기 때문에 확언할 수는 없지만 개인의 담세력 지표라는 관점으로는 소득세를 기간세基幹稅로 해야 할 것이다.

하지만 현실적으로 소득세를 기간세로 하는 것은 상당히 어렵다. 누진적 소득세제 하에서 개인 혹은 소득의 원천이 국외로 이동해 일본의 과세권 밖으로 빠져나가기 때문이다. 글로벌 경제화로 자금은 국경을 자유자재로 넘나드는데 과세권은 국경을 넘지 못한다. 그리고 나라 밖에서는 조세 피난처가 입을 벌리고 기다리고 있다. 이런 상황이니 소득세를 기간세로 선택할 수 없다.

OECD는 순자산 100만 달러 이상을 보유한 이들을 부유층으로 정의해 그 통계를 발표하고 있다. 금융 컨설팅 업체 올리버 와이만의 분석에 따르면, 유럽과 미국의 부유층이 조세 피난처에 자산을 보유하고 있는 비율은 16%로 추정되며 장소는 스위스, 채널 제도, 카리브 해의 섬나라 등이 꼽혔다. 다만, 자료의 신뢰성 문제와 부동산의 자산 가치를 제외하고 유동성 있는 금융 자산에 초점을 맞추면 그리 현실적인 추정이라고는 볼 수 없다.

소득세제의 복권을 꾀하려면 달아나는 부유층을 붙잡을 구체적인 대책을 세워야 한다. 그런 대책 없이 소득세 복권을 주장하는 것은 글로벌 경제에 대해 깊이 고민해본 적이 없거나 무책임한 발언에 불과하다.

제3장
달아나는 기업

1 국경을 초월한 조세 회피 문제

조세 회피

지금까지 절세 · 조세 회피 · 탈세를 어떻게 구분하느냐에 대해 이야기했다. 절세는 비난의 대상이 되지 않는 납세자의 세금 대책이다. 탈세는 악질적인 행위로 과세 당국의 처분 대상이 되고 경우에 따라서는 형사 처분 대상이 된다. 조세 회피는 절세와 탈세 사이에 있는 세금 회피 수법으로 그 미묘한 경계 때문에 과세 당국의 판단만으로는 결론을 내리기 어려운 만큼 법률로 명확히 규정해야 한다.

직접세의 납세 부담

'납세 부담'이란 세금을 낼 때 느끼는 부담감을 말한다. 직접세는 납세자가 직접 세금을 내고 그 세액을 직접 부담하는 조세이다. 소득세나 법인세 등이 직접세에 속한다. 직접세는 납세자가 직접 내는 세금인 만큼 납세 부담이 따른다. 그에 비해 간접세는 납세자가 내기는 하지만 그 부담은 거래 상대방에게 전가될 예정인 조세이다. EU의 부가가치세나 그 일종인 일본의 소비세가 간접세이다. 주세도 마찬가지로 간접세이다. 간접세는 본인이 직접 세금을 내지 않기 때문에 상대적으로 납세 부담이 적다.

직접세는 민주주의가 고도로 발달한 나라가 아니면 기능하지 않는다. 자신이 낸 세금이 자신을 위해 쓰인다는 납세자 의식이 없으면 납세 부담을 견디지 못하고 조세 회피나 탈세가 횡행하는 것이다. 탈세가 횡행하는 몇몇 라틴계 국가에서는 소득세나 법인세와 같은 직접세가 제대로 기능하지 못한다. EU의 기간세로 부가가치세가 선택된 것도 이해가 간다. 다만, 최근에는 EU의 부가가치세율이 높아지면서 부가가치세 탈세로 골머리를 앓는 국가들이 늘고 있다.

라틴계 국가들과 대조적으로 앵글로 색슨계 국가에서는 납세 부담이 따르는 소득세나 법인세 등의 직접세가 정착했다고 한다. 마그나 카르타나 보스턴 티 파티 사건 등이 민주주의 발전에 기여한 역사가 있기 때문일 것이다. 적어도 과거에는 그렇게 알려져 있었다.

미국 기업의 조세 회피

하지만 1960년대 무렵부터 과거와 다른 상황이 전개되었다. 특히, 미국 기업들 사이에 조세 부담을 최대한 줄이려는 움직임이 두드러졌다.

그 이유 중 하나로, 기업의 단기적인 실적 향상을 통해 매기 더 많은 배당금을 요구하는 경향이 강한 일반 주주나 연금기금 등의 기관 투자가들이 있다. 일본에서는 기업 상호간의 주식 보유가 일반적인 '조용한 주주'가 주류였던 시대가 있다. 미국의 주주들은 그와 달리 '시끄러운 주주'였다. '시끄러운 주주'에 대한 대응으로 비용 삭감을 강요당하는 가운데 법인소득세도 삭감해야 할 비용의 일부로만 여겨졌던 것이다.

또 글로벌 경제화로 기업의 국경 간 거래가 늘면서 다국적 기업이 발전한 것도 큰 이유 중 하나였다. 오늘날 다국적 기업의 기업 내 거래가 국제 무역에서 차지하는 비율이 3분의 2까지 상승했다고도 한다. 이는 이전移轉가격세제(후술)의 전문가들 사이의 실제적 감각이다.

이런 상황에서 다국적 기업이 기업 내 거래를 이용해 조세 회피를 꾀하는 사례가 늘어난 것도 이상한 일은 아니다. 실제, 미국의 법인 소득세수가 전 세수에서 차지하는 비율은 10%에 불과하다.

그것이 가능한 것은 기업 회계와 세무 회계가 일본의 확정결산주의와 같이 굳게 연관되어 있지 않기 때문이다. 그러면 큰 이익을 거두고 많은 배당을 하는데도 불구하고 법인세 납부액이 거의 없는 일이 발생한다. 그런 일들이 일어나자 다국적 기업의 조세 회피를 방지할 목적으로 이전가격세제나 조세 피난처 대책세제와 같은 제도가 발명되었다. 이러한 제도에 대해서는 본 장에서 자세히 설명하기로 한다.

최근에는 일본에서도 미국에서 배운 조세 회피 수법을 따라하는 일들이 있다. 일본에는 많은 미국 다국적 기업의 지사가 들어와 있고 다국적 기업화가 진행 중인 일본 기업도 늘고 있는 데다 미국의 경영대학원에서 유학한 조세 전문가들도 다수 활약하고 있기 때문이다.

케이맨 제도에 대한 일본의 직접 투자액이 미국, 네덜란드에 이어 세 번째라는 통계 수치는 일본 기업의 국제적 조세 회피가 매우 심각하다는 증거이다.

2 조세 피난처 사건 기록—2

오분샤 홀딩스 사건

오분샤 홀딩스 사건은 출판사인 오분샤旺文社(현 오분샤 홀딩스)가 네덜란드에 100% 자회사 애틀랜틱 사를 설립한 일이 발단이 된 사건이다.

오분샤의 출자 내용은 거액의 평가 이익이 예상되는 TV아사히 등의 주식이었다. 평가이익이란, 주식 가격이 오르면서 취득원가를 초과한 가치의 증가분을 말한다. 주식 양도 등의 거래를 계기로 평가이익에 세금을 매기는 것이 법인세법의 구조이다.

그런데 이 출자로 오분샤가 가진 TV아사히 등의 주식이 '오분샤가 보유한 애틀랜틱 사의 주식'으로 바뀐 것이다. 출자를 받은 애틀랜틱 사는 곧이어 신주 발행을 결의하고 같은 네덜란드에 있는 오분샤 관련사인 아스카 펀드에 매우 유리한 금액으로 제삼자 배정증자를 했다. 그 결과, 일본 과세 당국은 앞서 말한 주식의 평가이익에 대한 과세 기회를 잃고 오분샤는 상당 금액의 법인세 납부를 면하게 되었다.

'과세 기회를 잃었다'고 말했지만 그 이면은 설명이 어려울 만큼 복잡한 것이었다.

중요한 것은 제삼자 배정증자이다. 제삼자 배정증자의 경우, 신주를 발행해 자본금을 늘릴 때 기존의 주주(이 경우에는 오분샤) 이외의 주주(이 경우에는 제삼자인 아스카 펀드)에게 유리한 가격으로 배당하기도 한다. 그런 경우, 총 주식 수가 늘기 때문에 기존 주주가 보유한 주식의 주당 가치가 낮아진다(이를 '주식 가치의 희석화'라고 한다). 그런 제삼자 배정증자로 오분샤가 보유한 애틀랜틱 사의 주식 가치는 크게 하락하는 한편, 애틀랜틱 사의 주식은 대부분 아스카 펀드가 보유하게 되었다.

본래대로라면 일본 과세 당국은 오분샤가 주식을 양도할 때 TV아사히 등 주식의 평가이익에 대해 과세할 권한이 있었다. 그런데 이런 식으로 평가이익 대부분이 네덜란드 법인인 아스카 펀드로 이전하면서 일본 과세 당국은 과세할 기회를 잃고 만 것이다. 게다가 네덜란드에서는 기업 간의 주식 양도에 대해 세금을 부과하지 않는다.

과세 당국은 오분샤가 아스카 펀드에 주식을 증여했다고 보고 과세 처분을 내렸다. 경정更正 처분에 따라 납부하게 된 세액은 93억 엔, 과소신고 가산세는 13억 엔이었다. 이런 처분에 불복한 오분샤가 소송을 제기하면서 법정 다툼이 시작되었고 결국 대법원까지 갔다. 2006년 대법원의 후지타 도키야스藤田宙靖 재판장(학자 출신)은 법인세법 22조 2항의 자산의 무상 양도 규정을 적용해 파기 환송 판결을 내리며 납세자를 패소시켰다.

조세법의 빈틈을 노린 기업이 국제 거래를 이용해 조세 회피를 꾀한 것이다. 과세 당국은 법정 공방과 별도로 앞으로 이런 형태의 조세 회피를 할 수 없도록 법인세법 51조를 폐지하는 대대적인 개정을 시행했다. 이 법 개정은 기업이 보유한 자산의 평가이익이 국외로 이전되어 일본 과세 당국의 과세 권한이 미치지 못하는 상황을 방지하는 취지였다. 더 나아가 이 사건 이후에는 애초에 자산의 평가이익이 국외로 빠져나가 과세 당국의 과세 권한이 미치지 못하는 사태가 일어날 수 없도록 법을 개정할 방침이다.

외국납부세액공제 여유한도 사건

구 다이와大和 은행, 구 산와三和 은행 그리고 나머지 한 은행의 외국납부세액공제 여유한도 사건을 설명하려면 먼저, 외국납부세액공제제도에 대한 약간의 설명이 필요하다. 일본의 세법은 일본 거주자나 내국법인의 국외 원천소득에 대해서도 세금을 부과한다. 이를 '전 세계 소득과세 방식'이라고 한다. 일본 · 미국 · 영국이 택하고 있는 방식이다. 그와 반대로 국외 원천소득에는 세금을 매기지 않는 과세 방식을 '국외소득 면제방식'이라고 한다. 네덜란드 등의 유럽 여러 나라는 국외소득 면제방식을 채택하고 있다.

일본처럼 전 세계 소득과세 방식을 택하면, 일본 내에서도 국외 원천소득에 대한 세금이 부과되고 외국에서도 세금이 부과된다. 즉, 국제적인 이중과세가 발생하는 것이다. 자연히 세 부담이 가중되고 이익의 대부분은 세금으로 나갈 것이다. 이는 무역 장벽을 최소화해 무역 자유화를 촉진한다고 하는 GATT부터 WTO로 이어지는 강력한 국제 합의에 반하는 일이다. 그렇기 때문에 이미 납부한 외국 세액을 공제해 가중 부담을 없애는 것이다. 그것이

외국납부세액공제제도이다.

이 제도를 '정부의 시혜적 조치'로 평가하는 감정의견서를 쓴 도쿄대학의 조세법 교수가 있지만 그것은 잘못된 생각이다. 이중과세를 배제하는 것은 국제적으로 합의된 사항이지 정부의 시혜적 조치가 아니다. 정부는 국제 조세법상 외국납부세액공제에 따른 이중과세 배제 의무가 있다. 대법원도 이를 인정하며 '정부의 시혜적 조치' 설에 대해 언급한 일이 없다. 그런데 과세 당국은 아직도 '정부의 시혜적 조치' 설을 들어가며 과세 처분을 하고 있다. 참으로 어리석은 행동이다.

어쨌든 이 외국납부세액공제제도는 구조가 복잡하기 때문에 어느 정도 추정을 바탕으로 공제한도액을 설정하고 세액공제 한도를 정한다. 이때의 한도액은 어림 계산에 불과하기 때문에 경우에 따라서는 세액공제 한도에 여유가 생기기도 한다. 세 은행 중 한 곳을 예로 들면, 그런 여유한도를 이용해 싱가포르 지점을 사용한 절세 수법을 만들었다.

이 수법도 꽤나 복잡한데 요컨대, 뉴질랜드의 옛 속령인 쿡 제도라는 조세 피난처에 있는 대여금 이자에 대한 15%

의 원천세를 회피하기 위한 수법이었다. 같은 조세 피난처인 싱가포르에 원천세가 없다는 점을 이용했다. 제삼국 간 거래에 자기 은행의 싱가포르 지점을 끼워 넣고 자기 은행의 외국납부세액공제 여유한도로 쿡 제도의 원천세를 대신 내서 거래 상대의 세 부담을 줄인 것이다.

이 사건으로 은행은 자신들이 내야 할 세금의 총액을 줄인 것이 아니다. 조세 피난처를 이용해 원래는 일본의 국고로 들어가야 할 세금(이 은행의 경우에는 15억 엔 정도)을 쿡 제도에 납부한 것뿐이다. 다만, 그 과정에서 다른 나라 납세자의 납세 의무를 회피해주고 그에 따른 수수료를 벌어들인 것이다.

은행은 이익을 올렸지만 본래대로라면 일본의 국고로 들어와야 할 세금 15억 엔이 외국납부세액공제로 사용되었기 때문에 일본의 법인세액은 줄어들었다. 기업이 조세 피난처를 이용해 돈을 버는 수법은 이렇게나 복잡하다.

과세 당국도 할 말을 잃었을 정도였다. 대법원은 이 수법에 관해 과세 처분을 내릴 법적 규정을 찾지 못했다. 그러던 2005년 대법원은 이들 은행이 외국납부공제제도를 남용했다고 보고 과세 처분을 인정하는 판결을 내렸다.

거액의 국고(국민의 세금)를 쏟아부어 구제한 일본의 금융기관이 수수료벌이를 위해 국고에 납부해야 할 세금을 다른 나라에 납부한 일은 결코 용서할 수 없다는 것이 판결의 진짜 이유였던 것 같다. 사실상 조세법률주의에는 위반되는 판결이다.

다케후지 사건의 판결과는 정반대의 결론이 나오면서 조세법률주의에 대한 대법원의 인식에는 의문이 남는다. 국제적 조세 회피가 워낙 복잡하다 보니 대법원조차 일관된 판결을 내리지 못하는 것이다. 한편, 일본은 법인세법 개정으로 여유한도를 이용하지 못하게 차단했다.

여담이지만, 2009년도 세제 개정으로 외국자회사 배당익금불산입제도가 도입되었다. 이로써 법인세에도 국외소득 면제방식이 적용되었다. 일본의 국제과세 정책의 역사로 보면, 커다란 전환점이라고 볼 수 있다. 영국도 같은 해에 외국자회사 배당익금불산입제도와 비슷한 개정을 도입했다.

올림푸스 사건, AIJ 사건

조세 회피의 반대 행위가 '분식'이다. 2011년 발각된 올림푸스 사건은 간단히 말해, 경영진이 재테크를 하다 큰 손실을 본 사건이다. 거품 경제기에 시작한 투자로 손실을 보게 되자 부채를 은폐하기 위해 '도바시飛ばし'라고 불리는 수법을 썼다.

'도바시'란 부채가 없는 것처럼 꾸미는 위조 행위로, 거품 경제 이후 금융 기관에서 주로 썼던 대차 대조표 조작 수법이다. 거품 경제가 붕괴한 후 일본의 금융 기관은 채무 초과를 감추기 위해 외자계 금융 기관의 힘을 빌려 조세 피난처에 불량 채권을 팔았다. 방법은 단순하다. 기말에 불량 채권을 싼 값에 팔았다 결산을 마치면 다시 사들이는 것이다. 외자계 금융 기관은 두둑한 보수를 챙기고 일본의 금융 기관은 더욱 피폐해졌다.

올림푸스는 조세 피난처까지 끌어들인 국제 거래를 통해 수익을 내는 것처럼 꾸몄다. 조세 회피 수법처럼 정교하거나 복잡한 방법이 아니었다. 그럼에도 불구하고 오랫동안 발각되지 않았는데 외국인 사장이 지배 구조 문제를 지적한 것을 계기로 서서히 드러나 마침내 도쿄지검 특수부의 강제 조사로까지 발전했다. 조사 과정에서 중개를 맡은 전직 증권사 직원이 케이맨 제도에 설립한 회사가 채무를 인수해온 것으로 밝혀졌다. 조세 피난처는 이렇게 부정한 거래에 반드시 얼굴을 내민다.

한편, 2012년에 발각된 AIJ 투자고문 사건도 있다. AIJ 투자고문은 운용 실적이 부진한 기업의 연금기금에 높은 수익을 보장하며 자산 운용 계약을 맺었다. 그런데 실제 AIJ는 자산 운용 활동은커녕 계속해서 새로운 투자자를 모집해 자금을 끌어들인 후 그 자금을 기존 투자자에게 투자 수익이라며 분배해왔다. 흔히 '다단계'라고 불리는 사기 수법이다. 미국의 찰스 폰지가 벌인 사기 행각에서 유래되어 '폰지 사기'라고도 한다.

AIJ가 이쪽저쪽으로 돌리던 자금은 대부분 사라졌다. 일부 보도에 따르면, AIJ가 케이맨 제도에 설립한 펀드를 통해 홍콩의 외자계 금융 기관으로 흘러갔다고 한다. 분명한 것은, 기업의 사원들이 모은 연금자금이 흔적도 없이 사라졌다는 사실이다. AIJ의 기업 구조에서 드러난 조세 피난처는 BVI, 케이맨 제도, 홍콩이었다.

다단계 사기는 투자가가 모이기만 하면 성립되는 수법

이다. 하지만 투자가가 끝도 없이 나타날 리도 없고 결국에는 자금 흐름이 끊기면서 파국을 맞는다.

예컨대, 카지노에서 룰렛 게임을 한다고 생각해보자. 빨강과 검정 어느 한쪽에만 돈을 거는 것이다. 확률적으로 이 도박의 승률은 50%이기 때문에 아무리 지더라도 계속해서 돈을 걸면 언젠가는 반드시 딸 때가 온다. 돈을 잃으면 판돈을 두 배로 올려 계속해서 돈을 건다. 그리면 언젠가는 큰돈을 딸 수 있을 것이다. 하지만 이렇게 판돈을 배로 올리는 전술은 현실에서는 성립하지 않는다. 이유는 간단하다. 수중의 자금이 무한하지 않고 어느 시점에서 종자돈이 바닥날 것이기 때문이다.

머니 게임의 본질적인 결함은 차용하는 금융 공학 이론 곳곳에 '무한'이라는 수학적 개념이 들어 있다는 것이다. 수학의 세계에서 성립하는 무한의 개념도 현실 세계에서는 성립하지 않는다. 투자가도, 자금도 결코 무한하지 않다. 머니 게임은 다단계 사기나 룰렛만큼 위험하다.

AIJ 사건의 또 한 가지 교훈은 경제적으로 궁핍하면 저도 모르게 고수익에 눈길이 가는 인간의 심리이다. 감언이설은 반드시 내막이 있게 마련이다. 보통 때라면 위험하다는 것을 알고 피하겠지만 저도 모르게 눈길이 가는 것이다.

더 나쁜 것은 힘든 상황이 아니어도 고수익에 이끌리는 인간의 심리이다. 이런 심리는 헤지펀드가 득실대는 머니 게임의 가장 큰 특색이다. 더 큰 수익을 좇아 투기적 머니 게임에 뛰어든다. 그 결과, 금융 위기가 빈번하고 거기 휩쓸려 도산하는 기업들이 속출한다. 그런 기업들을 구제하기 위해 중앙은행은 자금을 쏟아붓는다. 그렇게 더 많은 자금이 머니 게임에 몰려드는 악순환이 끊이지 않는 것이다.

나라 전체가 피해를 입는 경우도 있었다. 1997년의 아시아 통화 위기가 그 전형적인 사례이다. 태국, 인도네시아, 한국 등 번영을 누리던 많은 나라들이 잇따라 IMF의 관리 체제에 들어갔다.

3 조세 피난처 대책세제

이처럼 '사건'이라고 할 수 있는 사례가 있는 한편, 기업 그중에서도 다국적 기업은 지극히 일상적으로 국경을 초월한 거래를 통해 조세 회피가 가능하다. 국제 조세법 세계에서는 국제적인 조세 회피를 법률적으로 방지하는 제도로서 다음의 세 가지를 바탕으로 하고 있다.

① 조세 피난처 대책세제
② 이전가격세제
③ 과소자본세제

이 중 ③의 과소자본세제는 그리 큰 영향력을 갖지 못한다. 일본의 과소자본세제 도입 담당관이었던 내가 하는 말이니 틀림없다.

간단히 설명하면, 이자 지출은 손실금이 되지만 배당은 세금 공제 후 이익에서 지출하기 때문에 손실금이 아니다. 일본에 자회사를 설립해 사업을 전개하는 많은 다국적 기업들이 이런 식으로 과세 상의 차이를 이용해 일본에서의 납세액을 줄이고 있다. 그런 다국적 기업에 대해 대부금이 출자 자본금의 3배를 초과하는 경우에는 대부금 이자의 손금산입을 인정하지 않는 것이 과소자본세제이다. 이 세제가 제대로 기능하지 않으면서 2012년 과대지불이자세제가 만들어졌다.

사실상 중요한 것은 조세 피난처 대책세제와 이전가격세제이다. 다국적 기업의 합법적 조세 회피라는 간과할 수 없는 실태가 존재하며 이런 대책을 적용함으로써 엄청난 규모의 과세 처분이 가능하기 때문이다. 이제부터 이 두 가지 제도를 설명하기로 한다.

조세 부담 제로가 가능한 구조

그림 3-1은 조세 피난처 대책세제를 설명하기 위한 그림이다.

위쪽 그림은 조세 피난처를 이용하지 않은 거래이다. 일본 기업은 A국 기업에 100만 엔을 빌려주고 20만 엔의 이자를 받았다. 이 경우, 일본 기업의 소득은 20만 엔이 되고 실효세율을 대략 40%라고 하면 8만 엔의 법인세를

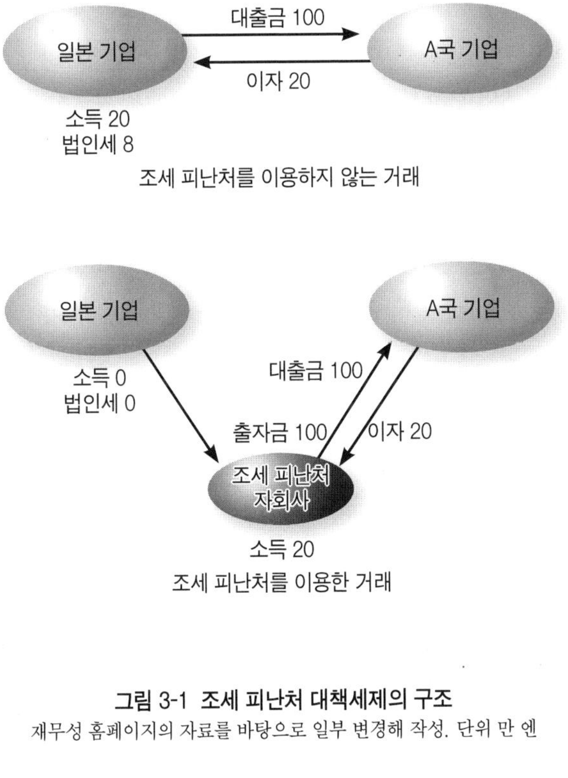

그림 3-1 조세 피난처 대책세제의 구조

재무성 홈페이지의 자료를 바탕으로 일부 변경해 작성. 단위 만 엔

국고에 납부하게 된다.

한편, 아래쪽 그림은 조세 피난처를 이용한 거래이다. 그림 아래쪽과 같이, 일본 기업이 조세 피난처에 설립한 자회사가 있다. 출자금은 100만 엔이라고 하자. 여기서 일본 기업은 자사가 아닌 조세 피난처에 세운 자회사의 출자금 100만 엔을 A국 기업에 빌려준다. 이 대출로 20만 엔의 이자가 발생하지만 일본 기업이 직접 이자를 받는 것이 아니다. 이자는 돈을 빌려준 조세 피난처의 자회사가 받는다. 그리고 이 20만 엔은 조세 피난처에 있는 자회사에 유보한다. 이런 식으로 하면 일본 기업의 소득이 없으니 세금을 내지 않아도 된다. 자회사도 조세 피난처 자체에 세제가 없기 때문에 조세 부담이 없다. 게다가 이런 경우는 모회사가 자회사에 출자하는 자본 거래에 해당하므로 일본 기업은 세금을 내지 않는다.

결국, 위아래 그림은 실질적으로는 같은 경제 거래이지만 조세 피난처를 이용하면 일본 기업의 조세 부담은 제로가 된다. 적어도 조세 피난처에 세운 자회사에서 배당을 받기까지는 세금 납부를 미룰 수 있다. 이렇게 세금 납부를 연기하는 절세법을 '과세이연課稅移延'이라고 한다.

또 일본에서는 배당을 받지 않고 조세 부담이 적은 다른 나라나 지역에서의 사업 전개에 사용할 수 있는데 그 경우, 당국의 과세권은 영구히 상실된다.

조세 피난처 대책세제의 발명

이런 조세 회피 수법이 발명된 곳은 미국이다. 제2차 세계대전 이후 국제 무역의 발전과 함께 미국에서는 이 같은 조세 회피가 횡행하기 시작했다. 재정 수입의 관점에서도 무시할 수 없는 수준에 이르렀다. 위법은 아니었지만 실질적으로 절세의 범위를 넘어선 조세 회피였으며 세 부담의 공평성 면에서도 분명 문제가 있다. 그런 이유로, 조세 피난처 대책세제라는 것이 도입되었다. 미국이 막강한 경제력을 자랑하던 1962년의 일이었다.

기업 회계와 세무 회계에 괴리가 있었던 미국은 기업 회계 면에서 막대한 이익을 거두고도 법인 소득세를 거의 내지 않을 수 있었다. 특히, 상원은 미국 시장에 진출한 외국 기업이 이익을 챙기면서 세금을 내지 않는 것에 크게 분개했다

여담이지만, 확정결산주의를 채택하고 있는 일본은 미국과 같이 기업 회계와 세무 회계 간의 괴리로 불거지는 문제에 대해 상상도 할 수 없었다. 일본에서는 기업 회계, 회사법, 세법의 3자가 긴밀히 맞물려 '철의 삼각형'이라고 불리었다(사실 '철의 삼각형'이라기보다 '세법의 지배'라고 하는 편이 옳고 나머지는 세법을 따라갈 수밖에 없는 실정이었다).

그러던 2001년 금고주의 해금解禁을 계기로 회사법과 세법의 정합성을 취하지 않는 방향의 입법이 대두했다. 그리고 기업결합회계가 도입되었을 무렵부터 회사법과 세법의 괴리가 분명해졌다. 한편으로 회사법과 기업 회계는 균형을 맞추게 되었다. 사실상 '철의 삼각형' 시대는 막을 내린 것이다.

하지만 회사계산규칙이 기업 회계에 맞게 규정되면서 회사법에는 한 줄도 들어 있지 않은 규정이 쓰여 있는 것을 보면 놀라울 따름이다. 법무성 민사국은 위임입법의 헌법적 구속력에 대해서는 전혀 개의치 않는 듯하다.

본래 이야기로 돌아가면, 조세 피난처 대책세제의 기본적인 방향은 조세 피난처 자회사에 유보한 소득 중 일부를 본국에 있는 모회사의 소득으로 보고 과세하는 것이다.

그러면 거래가 그림 3-1의 위아래 어느 그림의 경우든 본국의 모회사는 거의 비슷한 정도의 세 부담을 지게 된다. 미국에서는 합산 대상이 되는 조세 피난처 자회사의 유보이자를 '서브파트 에프Subpart F 소득'이라고 한다. 내국세입법전 서브파트 F 조항에 규정되어 있다.

또 일본에서는 관용적으로 '조세 피난처 대책세제'라고 부르지만 실은 적절하지 않은 명칭이다. 다른 나라와 같이 'CFCControlled Foreign Company 세제'라고 하는 편이 옳고 그 편이 각국에 설명하기도 쉽다.

조세 피난처 대책세제는 꼭 조세 피난처뿐 아니라 세 부담이 낮은 외국에 자회사를 두고 조세를 회피하는 수법을 감시하는 세제이다. 따라서 CFC 세제라는 명칭으로 부르는 편이 적절하다.

일본의 조세 피난처 대책세제

일본에 조세 피난처 대책세제(앞으로는 CFC 세제라고 쓴다)가 도입된 것은 1978년의 일이다. 그 무렵 나는 대장성 주세국 조사과의 외국조사계장으로 미국 내국세입법전의 서브파트 F 조항에 대한 연구와 보고를 맡았다.

당시의 입법 담당자가 쓴『조세 피난처 대책세제의 해설』이라는 저서는 저자가 경제학자이기도 했고 반드시 국내외 세제에 정통하다고 볼 수 없었기 때문에 이 저서로 입법 취지를 추측하는 것은 적당하지 않다. 여기서는 실제 조사를 맡았던 내 연구 결과를 바탕으로 이야기하겠다.

처음 일본의 CFC 세제는 블랙리스트 방식을 택했다. 블랙리스트 방식이란, 조세 피난처로 판단되는 국가 및 지역을 꼽아 그곳에 있는 자회사에 CFC 세제를 적용하는 방식이다.

다만, 과세 당국으로서도 블랙리스트 방식은 부담이 컸다. 조세 피난처 후보인 각 국가 및 지역의 세제를 전부 조사해야 하고 리스트에 올린 국가와 지역에 대한 외교적 배려도 필요하기 때문이다.

결국 블랙리스트 방식은 10년도 채 되지 않아 한계에 부딪쳤다. 1992년도 세제 개정으로 크게 방향을 바꿔 블랙리스트 방식을 재검토했다. 당시 국제조세과장이었던 나는 담당관으로서 일대 개정을 단행했다. ①무세국이거나 ②실효세율이 25%(현재는 20%) 이하인 경우로 판단하는 방식이었다. ②의 실효세율을 트리거 세율이라고 한다.

①은 간단한다. 법인과세가 없는 국가 · 지역이면 무조건 적용된다. 예컨대, 파나마가 전형적이다. 과세 당국은 건지 섬도 무세국으로 보고 손보회사에 조세 피난처 과세 처분을 내렸지만 내가 쓴 건지 섬에 대한 감정의견서로 대법원에서 납세자 측이 승소했다. '건지 섬 조세 피난처 사건'이라고 불린 사건이다.

②는 조금 어렵다. 자회사별, 과세연도별로 판단하기 때문에 같은 자회사라도 그때그때 적용이 되거나 되지 않기도 한다. 게다가 조세 피난처가 아닌 국가 및 지역에 자회사를 둔 경우라도 CFC 세제의 적용을 받는 경우가 발생할 수 있다.

이처럼 조세 피난처가 아닌 국가 및 지역에 있는 자회사도 적용 대상이 될 수 있기 때문에 'CFC 세제'라는 명칭이 더욱 적절하다. 현재는 특정외국자회사 합산세제라는 다소 어려운 명칭으로 통일해 부르고 있다.

어쨌든 지금까지 설명한 판단 방식은 자회사별로 적용이 되거나 되지 않는 방식이기 때문에 '엔티티Entity 방식'이라고 불린다. 반면에 미국의 방식은 오히려 소득의 성격에 착목했다는 점에서 '테인티드인컴Tainted Income 방식'이라고 한다. 일본의 CFC 세제는 2010년도에 테인티드 인컴 방식을 일부 도입하기로 했다.

그 배경에는 2009년도에 외국자회사 배당익금불산입제도가 도입되면서 과세이연 방지가 CFC 세제의 정책 목적에서 제외된 일이 있었다. 그런 의미에서 일본의 CFC 세제는 국제적 조세 회피 방지라는 목적에 걸맞게 질적인 변화를 이룬 것이다.

다만, 일본의 CFC제도의 유효성에 대해서는 의문이 남는다. 정작 세금을 매겨야 할 거래에는 적용하지 않고 홍콩을 거점으로 하는 내료가공来料加工 무역과 같이 실제 필요에 의해 홍콩에 진출한 기업에 적용하는 등 터무니없는 과세 처분이 내려지고 있다. 재판소도 제도를 충분히 이해하지 못하기 때문에 이런 과세를 용인하는 판결을 내리는 것이다.

결국 과세 당국이나 재판소도 국제조세의 원리는커녕 제대로 된 뜻조차 모른 채 과세를 하고 있다는 것이다. 무역으로 번영한 일본에서 소득을 벌어들이는 기업을 법의 취지에 반하는 방식으로 괴롭히는 것은 현명한 정책이 아니다.

4 이전가격세제

CFC 세제도 중요한 세제이지만, 현재 각국의 다국적 기업을 뒤흔들고 있는 것은 이전가격세제이다(2013년 기준).

이전가격세제란

이전가격세제란 CFC 세제와 마찬가지로 국가·지역 간에 이익을 이전시켜 조세 부담을 줄이려는 조세 회피 행위를 방지하기 위한 제도이다. 이전가격세제도 1954년 미국에서 처음 발명되어 1986년 일본에 도입되었다.

이전가격은 기본적으로는 특수 관계자 간의 국경 간 거래로 이익을 이전시켜 조세 부담을 줄이는 절세 행위이다.

일반적으로 독립된 제삼자 간 거래에서는 가격 조작을 하지 않는다는 전제이다. 바꿔 말하면, 독립 당사자 간 거래에는 가격 조작의 의혹이 없다는 것이다. 이런 거래를 영어로는 '암스 렝스Arm's Length' 거래라고 한다. 팔 길이만큼의 거리를 둔 타인 혹은 제삼자라는 뜻이다. 독립 당사자 간 가격(일본의 법률에서는 독립 기업 간 가격)은 ALPArm's Length Price라고 한다.

하지만 회사 관계자(예컨대, 모자 관계의 회사)라면 팔 길이보다 가까운 거리에서 끌어안는다거나 어깨동무를 할 수도 있다. 그렇게 가까운 당사자 간 거래로 설정된 가격에 조작 의혹이 있다고 보는 것이 이전가격세제이다.

그림 3-2를 살펴보자. 위쪽 그림은 관계자가 없는 제삼자 거래이다. 국내의 비교대상 법인은 A국에 있는 독립된 제삼자 거래를 통해 상품을 120만 엔에 팔고 있다. 상품은 국내의 제삼자로부터 100만 엔에 샀으므로 20만 엔의 이익을 보았다. 일본의 실효세율을 40%로 계산하면 이 비교대상 법인은 일본에 8만 엔의 법인세를 납부해야 한다. 한편, A국의 제삼자는 이 상품 거래로 30만 엔의 이익을 보았다. A국의 실효세율을 35%라고 하면 이 제삼자는 A국에 11만 엔의 법인세를 내야 한다.

아래쪽 그림은 제삼자 거래가 아닌 관계자 간 거래이다. 여기서 검증대상 법인의 '검증대상'이란 과세 당국의 조사 대상이라는 의미이다. 이 그림의 검증대상 법인은 A국에 있는 관계자(자회사) 간 거래를 통해 상품을 110만 엔에 팔고 있다. 상품은 국내의 제삼자로부터 100만 엔에 샀으므로 10만 엔의 이익을 보았다. 일본의 실효세율을 40%

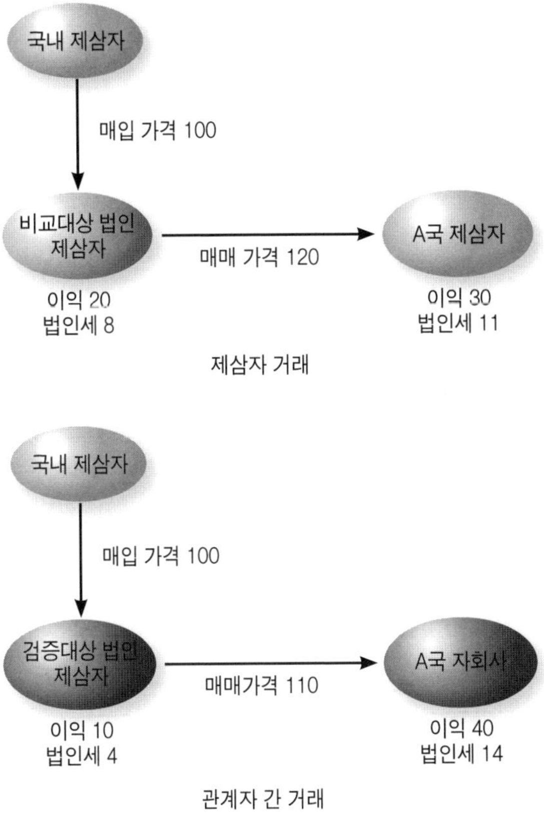

그림 3-2 이전가격세제의 구조

재무성 홈페이지의 자료를 바탕으로 일부 변경해 작성. 단위 만 엔로 계산하면 이 검증대상 법인은 일본에 4만 엔의 법인세를 납부해야 한다. 한편, A국의 관계자는 이 상품 거래로 40만 엔의 이익을 보았다. A국의 실효세율을 35%라고 하면 이 관계자는 A국에 14만 엔의 법인세를 내야 한다.

그런데 독립 당사자 간에 통상적으로 이루어지는 거래(위쪽 그림)와 관계자(모자회사) 간 거래의 상품 가격이 다른 이유는 무엇일까. 과세 당국으로서는 당연히 의혹을 품을 수밖에 없다. 실효세율이 낮은 A국에 이익을 이전해 기업 전체의 세 부담을 줄인 것이 아닐까. 만약 그런 의혹이 사실로 밝혀지면 검증대상 법인에 이전가격세제를 적용한다. 검증대상 법인의 상품 가격을 110만 엔이 아닌, 120만 엔에 팔았다고 보고 4만 엔이 아닌 8만 엔의 법인세를 부과하는 것이다. 이것이 이전가격세제의 본질이다.

검증대상 법인으로서는 과세 처분으로 그치는 것이 아니다. 일본에서의 법인세액이 늘었지만 A국 자회사의 법인세액은 그대로이기 때문이다. 그룹 전체로서는 과다한 세금을 물게 된다. 이를 막으려면 일본과 A국 과세 당국 간에 국제적인 과세 조정이 필요하지만 거기에는 국가 간의 과세권 쟁탈전이라는 실로 골치 아픈 문제가 내포되어 있다.

5 세금 쟁탈전

OECD 이전가격 과세 지침

OECD 조세위원회는 일찍부터 그런 문제를 고민해왔다. 그 노력이 결실을 맺은 것이 1995년에 발표한 'OECD 이전가격 과세 지침'이다. 나도 이 프로젝트가 첫발을 떼는 데 관여했다. 일본의 이전가격세제는 기본적으로 이 과세 지침을 충실히 따르고 있기 때문에 개정 상황에 더욱 관심을 기울이고 있다.

제1장에서 이야기했듯이, OECD 조세위원회는 국경을 초월한 거래에 따른 이중과세를 없애는 것을 주목적으로 삼는다. 그리하여 OECD가 규정한 조세조약 모델은 국제적으로도 가장 중요한 문서이다. 그런데 최근에는 각국 과세 당국의 이전가격 과세의 적극적 운용(이라기보다 남용) 때문에 OECD 이전가격 과세 지침이 조세조약 모델과 쌍벽을 이룰 만큼 중요한 문서로 자리매김했다.

앞서 이야기했듯이, 국가 간 과세 조정이 필요하다는 것은 누구나 인정할 것이다. 앞에서 살펴본 그림 3-2와 같이 일본이 과세 당국이 검증대상 법인의 법인세를 늘렸을 때

관계된 외국 과세 당국은 관계자의 법인세액을 줄이는 것을 원칙으로 한다. 이를 '대응적 조정'이라고 한다.

하지만 이러한 대응적 조정에 외국 과세 당국이 '네, 알겠습니다' 하고 쉽게 응할 리 없다. 자국의 세입이 줄기 때문이다. 그런 경우를 대비해 조세조약에서는 양국 과세 당국 간의 '상호협의'라는 장치를 마련하고 있다.

과세권은 어디에 있는가?

현재, 이전가격세제는 일본의 세법 적용에서도 가장 큰 쟁점이 되었다(2013년 기준). 한 번 과세 처분이 내려지면 자릿수가 바뀔 정도의 큰 액수가 되기 때문이다.

일본에서 이전가격세제로 두 번째로 큰 액수의 과세 처분이 내려진 것은 제약회사인 T제약이다. T제약은 외국 회사와 5:5 비율의 조인트벤처 자회사를 설립했지만 의결권이 절반을 넘지 못해 실제로는 가격 조작을 하려야 할 수 없는 입장이었다. 그런 사정에도 불구하고 일본의 과세 당국은 T제약이 가격 조작을 했다고 보고 이전가격세제를 적용했다. 추징세액은 570억 엔이었다.

이 경우 관계자임을 판단하는 과정에서 자본 관계를 '50% 이상'으로 규정하고 '50%'를 포함해버린 입법 실수이다. '50% 초과'라고 했다면 문제가 되지 않았을 것이다.

국제적으로도 이전가격세제가 적용된 최대의 사건은 영국의 대형제약회사 글락소스미스클라인을 둘러싼 영미간의 사례이다.

글락소는 자사에서 개발한 항궤양제가 국내에서 높은 판매고를 올리자 미국에 설립한 자회사에 제품을 판매했다. 미국 시장에서도 잘 팔렸다. 이를 미국 국세청IRS이 눈여겨본 것이다. 미 국세청은 글락소의 미국 자회사가 미국 시장의 개발과 판매망 확충이라는 점에서 독자적인 무형의 자산을 가지고 있다고 말했다. 그리고 이 무형 자산에 대한 보수를 고려하지 않았기 때문에 이전가격세제를 적용한다는 구실을 내세워 과세 처분을 한 것이다.

미국 자회사에 더 싼 가격으로 제품을 판매했기 때문에 더 큰 이익이 예상된다는 그럴듯한 이유를 댔지만 핵심은 글락소가 미국에 더 많은 법인 소득세를 내야 한다는 말이었다. 앞서 말했듯이, 미국에서는 막대한 이익을 내고 두둑한 배당을 하면서도 법인세액을 거의 내지 않을 수 있는 제도를 택하고 있기 때문이다. 이 사건은 결국 글락소와 미 국세청 간의 화해로 매듭지어졌지만 31억 달러라는 천문학적인 숫자의 추징세액이 부과되었다.

이런 사건으로 알 수 있는 것은 국제 거래가 발전하고 있다고는 하지만 실상은 대부분 다국적 기업들의 그룹 내 거래라는 것이다. 다국적 기업은 그룹 내에서 가격 조작을 통해 세율이 낮은 나라나 지역에 이익을 이전하거나 상쇄할 수 있는 손실이 있는 관련 자회사에 이익을 이전하는 것이 가능하다.

이전가격세제는 원래 그런 절세 행위 내지는 조세 회피 행위를 방지하기 위해 만들어진 세제이다. 하지만 단속은 명분에 불과할 뿐, 다국적 기업이 거둔 이익에 어느 나라가 과세할지를 놓고 다투는 과세권 쟁탈전으로 전락해버린 면이 있다. 그런 면에서 이전가격세제는 나라의 내외, 관민을 불문하고 관심이 집중되는 문제로 떠올랐다.

특히 최근에는 거액의 세수를 거둘 수 있는 점을 노린 중소 규모의 개발도상국들이 너도나도 이전가격세제 도입에 뛰어들면서 문제가 한층 복잡해졌다. 국제 조세의 이론적인 측면에 밝지 않은 이들 나라들이 무턱대고 이전가격세제를 휘두르며 아무 근거도 없는 과세 처분을 내리고 있다. 중국이 그런 전형이다. 국제 조세법에 대한 이해가 부족한 과세 당국이 터무니없는 구실을 내세워 과세 처분을 하고 있다.

다만, 일본의 과세 당국도 중국과 다르지 않다는 생각이 들 때가 있다. 영어도 제대로 하지 못하는 담당관이 국제 조사 등에 참가하는 것을 보면 그런 고민이 더욱 깊어진다. 일본 경제를 떠받치고 있는 수출 기업들의 발목을 잡는 세제 운용은 바람직하지 않다.

최근 모 국세청 장관이 이전가격세제 운용이 도가 지나치다는 생각에 일정액 이상의 이전가격과세를 하는 경우 장관 직할로 판단하는 체제를 만들기도 했다. 안타깝게도 인사이동과 함께 1년 만에 없어지고 말았다.

제4장
검은 자금의 세탁 장치

1 범죄 자금을 쫓아

자금 세탁이란 무엇인가

자금 세탁이란 범죄 행위 등으로 얻은 위법한 수익을 출처를 의심받지 않을 적법한 자금으로 가장하는 행위를 말한다.

마약 밀매, 사기, 횡령, 수뢰受賂, 탈세, 현금 탈취 그 밖의 범죄 행위로 얻은 현금을 그대로 가지고 있기에는 위험 부담이 크다. 현금은 부피가 커서 숨길 장소도 마땅치 않고 도난 우려도 있다. 수해나 화재 혹은 지진 피해를 입을 수도 있다. 지폐는 도안이 변경되기도 한다. 현금 형태로 가지고 있는 것은 결코 좋은 방법이 아니다. 그렇기 때문에 모 정치가가 4억 엔이나 되는 큰돈을 몇 년씩 현금으로 가지고 있었다는 주장 따위는 더욱 믿기 어렵다.

그렇다고 금융 기관에 맡기면 거래 기록이 남는다. 당국의 수사를 받게 될 경우 금방 탄로 날 수 있다. 게다가 증거까지 남는다. 애초에 큰돈은 사용하든 안 하든 세무서의 추궁을 받게 되어 있다. 실제 현장에서 사찰을 지휘해본 경험상, 현금이나 값비싼 물건을 숨기는 것은 여간

힘든 일이 아니다.

출처가 의심되는 검은 돈을 깨끗한 돈으로 바꾸면 손쉽게 금융 기관에 맡길 수 있고 꺼내 쓰기도 쉽다. 자금 세탁은 그런 악행을 일삼는 이들의 요구로 탄생한 범죄 행위이다.

자금 세탁은 폭력단과 같은 범죄 조직만의 전매특허가 아니다. 최근에는 알카에다 등의 국제 테러 조직도 관련되어 있다. 수법도 길다. 따라서 자금 세탁을 다룰 때에는 테러 자금의 이동이나 은닉 문제도 포함하지 않으면 중요한 일면을 놓치게 된다.

자금 세탁에는 각국의 정보 기관도 관여하고 있다고 여겨진다. 그만큼 자금 세탁 문제에 대한 장벽은 높고 두껍다. 그 내막을 알아내기란 지극히 어렵다. 이 책에서는 자금 세탁 대책의 제일선에 섰던 내 경험에 기댄 내용만을 전달할 수 있을 뿐이다.

자금 세탁의 수법

당국 모르게 비밀리에 이루어지는 자금 세탁 수법을 밝혀내는 일은 쉽지 않다. 설령 알아냈다고 해도 당국에서는 수법을 밝히지 않는다. 모방을 막기 위해서이다. 자금 세탁 수법을 자세히 해설한 문헌이 없는 것은 그런 이유에서다.

비밀 자금 이동에는 비밀보호법이 있는 조세 피난처를 주로 활용한다. 일단 조세 피난처로 들어간 자금은 이동 경로나 장소를 추적하기 어렵다. 9.11 테러 이후 조세 피난처 대책이 일제히 강화된 것은 그런 이유에서다.

자금 세탁의 가장 고전적인 수법은 예컨대, 스위스나 카리브 해의 섬에 있는 은행 등 조세 피난처의 금융 기관에 현금을 맡기고 대출을 받는 형태이다. 다만 지금은 어느 나라나 출입국 시 가지고 나갈 수 있는 현금 총액에 한도가 있고 그 한도를 넘을 때에는 세관에 신고해야 한다. 일본의 경우, 100만 엔 이상이면 세관에 신고해야 한다.

실제 미국에 입국하면서 한도액을 초과한 현금을 들여오다 체포되어 형사재판을 받은 일본인을 알고 있다. 재판정에서 '반입 가능한 금액 한도가 있는 줄 몰랐다'며 눈물을 보인 그는 배심원들의 동정을 유발해 교묘히 빠져나갔다. 세관을 담당한 국토 안보부 담당관은 분노를 감추지 못했다.

일본은 과거 할인채의 발행이나 양도 심지어 만기 지급 시에도 본인 확인 없이 무기명으로 할 수 있는 시대가 있었다. 그런 이유로 당시에는 할인채가 자주 이용되었다. 부정한 자금도 할인채로 바꿔버리면 당국의 의심을 피할 수 있었다. 특히, 종이 한 장에 몇 천만 엔의 가치를 지닌다는 점이 할인채의 인기 비결이었다. 가네마루 신金丸信 전 자민당 부총재의 탈세 문제는 국세 당국이 할인채를 압류하면서 단숨에 드러났다. 탈세로 얻은 자금 은닉 사건이었다. 뒤에서 소개할 불법 금융 고료카이 사건에서도 할인채가 이용되었다.

마찬가지로 현금 운반이 쉬웠던 시대의 일이지만 현금으로 호화저택 등의 부동산을 사서 되파는 식으로 깨끗한 매각금으로 둔갑시키는 것도 고전적인 수법으로 유명하다. 미국 HSBC와 호쿠리쿠北陸 은행이 관련된 러시아인 자금 세탁 사건에서는 여행자 수표를 이용하는 비교적 소박한 수법이 쓰였다.

이런 사건들은 실은 매우 초보적이고 전형적인 수법에 지나지 않는다. 현재는 국제적 규모의 지극히 교묘하고 악랄한 수법이 발달했다. 수법은 나날이 진화하기 때문에 그 전모를 밝히고 적발하기는 쉬운 일이 아니다. 다만, 확실히 지적할 수 있는 것은 자금 세탁에는 반드시 조세 피난처가 관련되어 있다는 것이다.

국제자금세탁 방지기구

국제적인 자금 세탁 대책은 상당히 늦은 1988년 국제연합UN 마약협약으로 시작되었다. 이듬해인 1989년 파리에서 열린 G7 정상회의의 공동 선언을 계기로 국제자금세탁방지기구FATF가 설립되었다. 현재, 34개 국가 및 지역과 두 곳의 지역적 국제기구가 참가하는 자금 세탁 대책 국제기구이다. 매년 세 차례의 본회의가 열리며 OECD가 사무국을 맡고 있지만 OECD 부국部局은 아니다.

1990년 FATF는 '40개 권고사항'이라고 불리는 자금 세탁 대책 국제 기준을 발표했다. 초기에는 주로 마약 밀매 수익에 대한 규제 성격이 강했다. 자금 세탁을 형사 처분을 받아야 할 범죄로 규정할 것, 금융 기관을 대상으로 익명계좌 금지, 수상한 거래에 대한 신고 조치 등을 각국에 권고하는 내용이었다. 1996년 국제 금융 시스템 발전에 대응한 최초의 개정이 이루어졌다.

'40개 권고사항'에서는 자금 세탁 대책의 대상인 범죄 수익의 전제가 되는 범죄를 전제범죄Predicate Offence라고 부른다. 이 전제범죄는 초기의 마약 범죄에서 점차 확대되어 9.11 테러가 일어난 2001년에는 테러 자금, 2012년에는 세금 범죄가 자금 세탁 대책의 대상으로 포함되었다.

9.11 테러는 풍부한 자금을 바탕으로 조직적인 테러 활동을 펼쳐온 알카에다가 일으킨 범행이었다. 9.11 이후 미국은 본격적으로 테러 자금 대책을 세우고 그 일환으로 자금 세탁 방지 대책도 강화했다. FATF도 테러 대책에 적극적으로 나서며 9.11 테러 직후인 10월에는 테러 대책에 관한 '8개 특별권고사항'을 발표했다. 2003년에는 '40개 권고사항'을 재개정하고 자금 세탁 방지와 테러 자금 대책을 통합했다. 이것은 전제범죄 확대의 전형이다. 또 비금융업자에도 기준을 확대 적용했다.

2004년 '8개 특별권고사항'은 '9개 권고사항'으로 확대

되었으며 2012년 '40개 권고사항'의 개정과 함께 통합되었다. 이름은 그대로 '40개 권고사항'이다.

비금융업자에 대한 확대 적용과 함께 게이트키퍼Gate Keeper 개념도 도입되었다. 게이트키퍼란 직업적 전문가를 뜻하며 구체적으로는 변호사나 공인회계사를 가리킨다. 재개정판에서는 이들에게 일정한 보고 의무를 부과했다. 최근 들어 전문가들의 자금 세탁 관련성을 지적하는 목소리가 높아졌기 때문이다. 다만, 게이트키퍼 문제는 비닉특권을 침해한다는 이유로 문제가 되었다.

개인적으로는 FATF와 관련해 다음과 같은 경험을 한 적이 있다. 페루자로 이적한 나카타 히데토시中田英寿 선수가 큰 인기를 누리던 때였다. 1998년 FATF와 OECD 조세위원회의 합동회의를 앞두고 양쪽 회원들이 로마에 모였다. 그런데 회의 직전, 회의장이 로마에서 페루자로 바뀌면서 참가자들은 버스를 타고 이동하게 되었다. 호텔도 페루자로 변경되었다.

'무슨 영문인지 모르겠다, 전례가 없는 일이다' 등등 너도나도 불평을 터트리던 중 갑자기 이탈리아의 재무장관이 나타나 인사를 시작했다. 무슨 말인가 하니 '여러분, 갑

자기 회의장을 변경해 죄송합니다. 급작스럽게 개최지를 페루자로 옮긴 이유는 실은 이곳이 제 선거구이기 때문입니다'라며 너스레를 떠는 것이 아닌가. 각국 대표단들은 한바탕 웃고 기분을 풀었다. 하지만 정작 중요한 회의에서는 FATF와 OECD 조세위원회가 서로에 대한 경계를 풀지 못하고 이렇다할 성과를 내지 못했다. 나도 분위기를 풀어보려 노력했지만 허사였다. 국제기구끼리의 연대도 쉽지 않았다.

개인적인 생각이지만 나는 FATF에 대해 불신감을 품고 있었다. 내심 정보 기관의 관련성을 의심하고 있었기 때문이다. 제1장에서도 소개했듯이, 구 종주국이 회의석상에서 구 식민지 국가의 조세 피난처를 노골적으로 옹호하는 태도를 보인 일이 있다. 조세 피난처에서는 정보 기관이 범죄 수익을 이용하는 부정한 수법을 쓰기도 한다. 미 중앙정보국CIA의 이란 콘트라 사건이 바로 그런 예이다.

일본의 자금 세탁 방지 대책

일본은 FATF의 권고 사항 대부분을 이행하는 형태로 입법 조치를 취하고 있다. 범죄 수익 이전방지법은 '40개 권고사항'의 2003년 개정판에 대응하는 조치로 범수법 등의 약칭으로 불린다. 범수법은 종전의 본인확인법과 조직범죄처벌법을 통합한 형태의 법률로 2008년부터 시행되고 있다. 또한 제3차 대일심사 이후 2013년 4월 1일부터 범수법의 개정법이 시행된다.

금융 기관의 본인 확인 의무나 수상한 거래에 대한 신고 의무 등도 정착했다. 모두 범수법에 근거해 시행되고 있다. 자금 세탁 관련 정보가 집약되는 단일 조직인 금융정보분석기구FIU가 금융청에서 경찰청으로 이관된 것도 이 법률에 의해 시행되었다. 그 밖에도 '내국세의 적정한 과세 확보를 위한 국외 송금 등과 관련된 조서 제출 등에 관한 법률'도 제정되었다.

나는 금융감독청(현 금융청)에 설치된 FIU의 초대 관리관이었지만 FIU가 수집한 정보나 자료를 통해 어떤 성과를 얻었는지에 대한 어떤 보고도 받지 못했다. 정보전 특유의 필지사항Need To Know 원칙이 철저했다. 드골 암살을 기획한 프랑스 군 내부의 비밀 조직 OAS가 무너진 것도 결국에는 군이 잠입시킨 다수의 첩자 때문이었다. 제2차 세계대전 중의 레지스탕스도 첩자 때문에 상당히 애를 먹었다.

비밀 조직은 세포 단위로 갈라져 서로 연락도 취할 수 없을뿐더러 서로의 존재조차 알지 못한다. 알 필요가 없는 것은 알리지 않는다. 모르는 것은 새나갈 수 없기 때문이다. 이것이 Need To Know 원칙이다.

국경의 벽

자금 세탁을 추적하기란 쉬운 일이 아니다. 다음에 소개할 고료카이 사건 등은 몇몇 요행이 겹쳐 해결할 수 있었던 드문 사례로, 보통은 국경의 벽이 그대로 조사를 가로막는 벽이 된다.

범죄자와 범죄 자금은 간단히 국경을 초월하지만 형사 법규의 집행은 간단히 국경의 벽에 가로막힌다. 미국은 멕시코나 콜롬비아의 마약 조직을 상대로 국경을 초월한 무력을 행사하지만 아무나 흉내 낼 수 있는 일이 아니다.

미국은 자금 세탁이나 테러 자금 적발에 잠입 수사관이 활약하는 경우가 많다. 미국 마약단속국DEA 수사관 출신으로 지금은 국토 안보부 간부인 지인이 있다. 과거의 경력이 얼마나 처절했을지 평소 보이는 표정이나 행동만으로도 충분히 상상할 수 있다.

2 조세 피난처 사건 기록—3

고료카이 사건

일본 최대의 폭력 조직 야마구치계의 산하 조직인 고료카이五菱会가 일으킨 자금 세탁 사건은 불법 금융에 관련된 자금 세탁 사건의 전형적인 예이다.

거품 경제가 붕괴하면서 다중 채무자가 커다란 사회 문제로 대두했다. 과거 출자법의 상한 금리는 연 29.2%로 그 이상은 법으로 금지되어 있었다. 반면에 이자제한법은 연 15%(100만 엔 이상의 경우)였기 때문에 그 중간에 있는 대출 금리를 가리켜 그레이존Gray Zone 금리라고 불렀다.

대부업체는 사실상 이 그레이존 금리 대출이 용인되는 구조였지만 우여곡절 끝에 출자법과 이자제한법의 상한 금리를 20%로 규정하면서 그레이존이 사라졌다. 그레이존 금리 폐지는 2010년부터 시행되었다.

진짜 문제는 형사 처분이 따르는 금리 규제 등으로는 불법 금융에 대한 수요를 막을 수 없다는 점이다. 금리의 상한 규제가 있든 없든 돈을 빌리지 않으면 자금이 막히는 개인이나 기업이 반드시 있다. 자금을 마련할 수만 있다면 불법 금융에라도 손을 내미는 것이다.

예컨대, 건전한 중소기업도 단 하루 자금을 융통하지 못해 흑자 도산의 위기에 빠지는 일이 종종 있다. 그런 위기를 모면하기 위해 불법금융에 손을 대는 경우가 있다. 다만, 급한 위기는 넘긴다 해도 그런 회사가 기사회생하는 경우는 극히 드물다. 간혹 그렇게 간신히 살아난 회사 사장이 대부업체 광고에 등장하기도 한다. 그만큼 드문 일이라는 것이다.

개인의 경우, 유흥으로 재산을 탕진하고 개인 파산까지 하면 대부업체에서 돈을 빌리는 것조차 불가능하다. 그런 상황까지 내몰리면 다음은 불법 금융이 입을 벌리고 기다린다. 불법 금융 측도 용케 그런 상대를 알아보고 마수를 뻗친다. 개인 파산한 직후에 불법 금융 업체로부터 신청하지도 않은 수만 엔의 현금이 송금된 사례가 있다.

고료카이의 경우, 스위스 취리히 주(칸톤)에 있는 한 은행에 계좌를 개설하고 불법 금융으로 벌어들인 수익 약 50억 엔을 은닉했다. 이때 고료카이가 이용한 것이 할인채였다. 할인채의 본인 확인절차가 법제화된 것은 1990년부터이다. 본인 확인이 필요 없던 시대에 할인채를 이용해 스탠다드차타드 은행에서 크레디트스위스 홍콩을 경유해 스위스로 이송했다고 하는 재판 기록이 남아 있다.

스위스 취리히 주가 계좌를 압류한 일이 발단이 되어 세상에 드러난 사건이다. 스위스는 자국의 은행 비밀보호법에 대한 악평 때문에 대외적으로 신경을 곤두세우고 있었다. 과거에는 나치 독일의 홀로코스트로 희생된 유대인들이 예치해둔 자금을 돌려주지 않은 일로 미국의 맹비난을 받고 돌려준 쓰디쓴 경험도 있었다. 그런 상황이니만큼 '우리는 테러나 범죄에 가담하지 않는다'는 것을 어필해야만 했다. 그 실례를 보여주고 싶었을 것이다.

다만, 스위스 법에는 압류 계좌의 자금 중 절반가량을

스위스 국고로 환수하게 되어 있다. 당연히 그런 이점도 계산에 넣었을 것이다. 일본에 반환된 자금은 남은 절반이었다. 법무성은 이 건에 한해 특별법을 만들고 2008년 반환된 29억 엔을 피해자들에게 돌려주었다.

BCCI 사건

BCCIBank Of Credit And Commerce International는 범죄와 가장 밀접하게 얽힌 은행으로 유명하다. 룩셈부르크에 설립된 은행으로, 전 세계에 지점을 둔 사실상의 다국적 은행이었다.

사실상 BCCI는 규제를 할 감독 당국이 없었다. 특히 미국에서 폭넓은 지점망을 전개하고 콜롬비아 마약 조직의 자금 세탁 창구 역할을 했다. 카리브 해 조세 피난처에 현금을 예치하고 돈을 빌리는 고전적인 수법까지 일삼았다.

콜롬비아로부터의 마약 유입에 신경을 곤두세우던 미국에게 BCCI는 큰 골칫거리였지만 한편으로는 CIA가 BCCI를 이용해 정치 공작을 펼치기도 했다. 레이건 정권 당시의 이란 콘트라 사건에서도 BCCI를 배후자금 변통에 이용한 사실이 드러난 바 있다. CIA도 조용히 묻지 못한 사건이었다. 애초에 정보 취급 능력이 어설펐던 탓에 피그만 침공 등의 실수를 범하고도 기록에 남겼다 공개되기도 했다.

정보 기관도 금융 기관을 이용하지 않고는 일을 할 수 없다. 거꾸로 말하면, 금융 기관을 볼 때는 그런 눈으로 볼 필요가 있는 것이다. 어떤 정권이 합리적으로 설명되지 않는, 터무니없는 행동을 저지른 배후에는 내막이 있다. FATF와 같은 자금 세탁 대책 관련 국제기구의 공식 회의에서조차 그런 일이 벌어진다.

머지않아 BCCI의 부패한 재무 내용과 자본 고갈 실태가 드러났다. 결국 파산을 맞고 1991년 폐쇄 조치가 내려진다. 국제 정치경제를 뒤흔든 일대 스캔들이었다.

북한 비밀계좌 사건

2005년 미국은 마카오의 방코델타아시아 은행에 있는 북한의 비밀계좌를 자금 세탁 창구로 지목해 거래를 동결했다.

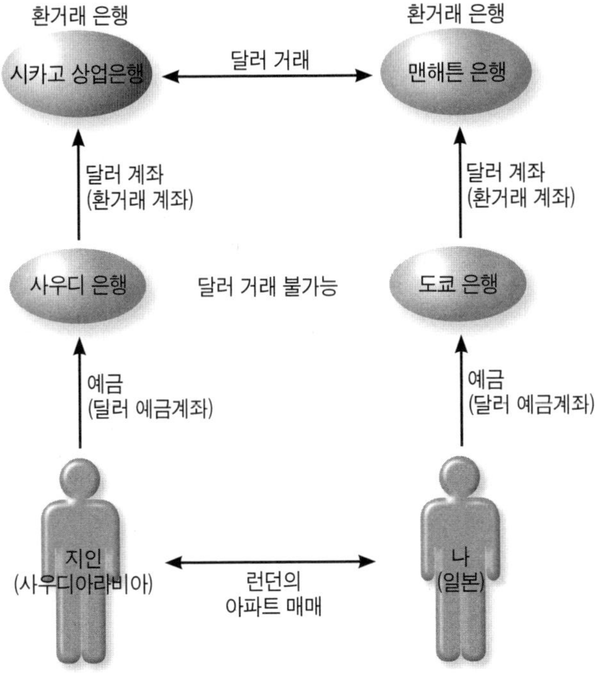

그림 4-1 환거래의 사례

나는 도쿄 은행의 달러 예금계좌에 일본 엔이나 달러를 예금할 수 있다. 사우디아라비아의 지인도 사우디아라비아 은행의 달러 예금계좌에 사우디 리얄(SAR)이나 달러를 예금할 수 있다. 사우디 은행과 도쿄 은행 간에 직접 달러 거래를 할 수 없다. 실제 달러 거래는 미국 국내에 있는 환거래 은행 간에만 가능하다.

미국이 마카오의 은행 계좌를 동결한 일이 의아할 수 있다. 미국의 행동을 이해하려면 '환거래 은행Correspondent Bank'과 '환거래 계좌Correspondent account'라는 외자거래의 구조를 알아야 한다.

예컨대, 나는 일본 은행에 달러 예금계좌를 가지고 있지만 내가 직접 달러를 예치한 것은 아니다. 내가 달러 예금계좌에 일본 엔을 맡기면 일본의 은행이 이 돈을 달러로 바꿔 자기 은행과 거래하는 뉴욕의 은행(이 은행을 환거래 은행이라고 한다)에 일본 은행의 명의로 예치한다(이 계좌를 환거래 계좌라고 한다). 즉, 내 달러 예금은 실제로는 미국 국내의 환거래 계좌에 들어 있는 것이다.

그렇다면 환거래 계좌를 이용한 외자거래에 대해 살펴보자. 그림 4-1과 같이, 내가 사우디아라비아의 지인으로부터 런던의 아파트를 사기로 했다고 하자. 구입 대금을 달러로 지불해 달라는 지인의 말에 나는 내 달러 예금계좌에서 지인의 달러 예금계좌로 구입 대금을 송금하기로 했다. 지인은 사우디아라비아의 수도 리야드에 있는 은행에 달러 예금계좌를 가지고 있고 그 리야드의 은행은 시카고에 있는 상업은행에 환거래 계좌를 가지고 있다.

이런 경우, 자금은 어떻게 이동할까. 나와 지인은 일본과 사우디아라비아 간에 직접 달러를 거래하는 것처럼 보인다. 하지만 실제 달러가 일본에서 사우디아라비아로 이동하는 것은 아니다. 달러는 일본 은행이 뉴욕 은행에 가지고 있는 환거래 계좌에서 사우디아라비아 은행이 시카고 은행에 가지고 있는 환거래 계좌로 이동했을 뿐이다. 즉, 달러는 미국 국내에서 이동했을 뿐 단 1달러도 나라 밖으로 나가지 않았다.

방코델타아시아 은행의 북한 비밀계좌에도 달러가 들어 있지는 않았다. 달러는 방코델타아시아가 뉴욕 소재 은행에 가지고 있던 환거래 계좌에 있었다. 미국 정부는 그 환거래 계좌에 있는 달러를 압류한 것이다. 미국 정부는 9.11 테러 직후 만들어진 애국자 법Patriot ACT을 통해 국제 금융 시스템의 근간에 관여할 권한을 쥐게 되었다.

미국이 이런 권한을 휘두르면 무슨 일이 일어날까. 달러가 국제통화로서 널리 이용되는 것은 달러에 대한 신용도가 높고 언제든 자국 통화로 바꿀 수 있기 때문이다. 이를테면, 중국의 위안화와 비교해보자. 제삼국 간 거래에 위안화를 사용할까. 그렇지 않다. 그것은 위안화 거래에 규제가 있고 또 언제 교환 불능이 될지 모른다는 불안감이 있기 때문이다. 즉, 위안화는 달러와 같은 신용이 없다.

그런데 달러 거래가 위안화와 같은 불안감을 주게 된다면 국제통화로서 달러의 신용(신용이 있는 국제통화를 '기축통화'라고도 부른다)이 흔들릴 것이다. 신용이 없으면 각국은 (외화준비자산으로서)보유한 달러채를 시장에 내다팔 수도 있다. 미국 재정은 파탄 나고 경제는 급격히 붕괴할 것이다.

'국제 금융 시스템의 근간에 관여할 권한'이라고 표현한 것은 이런 의미에서이다. 방코델타아시아 은행의 계좌를 동결한 것은 그만큼 위험한 제재였던 것이다.

HSBC 자금 세탁 의혹 사건

HSBC는 본래 홍콩에 거점을 둔 '홍콩상하이 은행'이었다. 홍콩의 중국 반환을 계기로 규모가 커지면서 런던의 카나리 워프로 본사를 옮겼다. 영국 정부는 크게 반기며 존 본드 회장에게 경의 칭호를 주었을 정도였다. 과거 홍콩상하이 은행의 흔적이 남아 있는 것은 HSBC의 HHong-kong와 SShanghai 정도이다.

HSBC는 당시 4대 상업은행 중 하나였던 미드랜드 은행을 흡수해 영국의 4대 상업은행 중 하나가 되는 동시에 세계적인 은행으로 부상했다. 현재는 세계 제3위 은행으로 손꼽힌다.

그런 세계적인 은행이 2012년 미 상원 특별위원회로부터 자금 세탁 의혹을 추궁 당하는 사태가 일어났다. 이 특별위원회의 이름은 상설조사소위원회로, 상원의 국토안보위원회 산하의 소위원회이다. 소위원장 칼 레빈 민주당 상원의원은 상원의 대표적인 군사 전문가로서도 유명했다.

자금 세탁 연구의 전문가 다치바나 아키라橘玲의 해설에 따르면, 마약 조직은 중남미에서 마약을 밀수해 미국 국내에 판매하고 그 수익을 돌아가는 배에 실어 HSBC의 멕시코 법인 HBMX에 예치했다. 그 후, HBMX에서 대출을 받아 현금을 다시 미국으로 가져간 뒤 HSBC의 미국 법인인 HBUS에 넣은 것이다.

미국과 멕시코 간에 두 차례나 현금을 옮기는 고전적인 수법인 데다 HBMX에서 HBUS로 송금하는 과정은 금액이 커서 금방 당국에 적발될 가능성이 높은 원시적인 수법이다. 전자 결제를 이용한 훨씬 세련된 수법도 쓰고 있을

테지만 발각되지 않은 것인지 아니면 당국이 눈감아준 것이든지 둘 중 하나가 아닐까.

어쨌든 미국 국내에 마약을 들여오는 일은 목숨을 걸어야 하는 일이다. 세관 당국도 헬리콥터에서 스피드보트의 엔진을 총격하는 등의 강력한 방식으로 제압에 나선다. 마약 조직도 잠수함까지 만드는 상황이니 그야말로 전쟁을 방불케 한다. 영화 '트래픽'이나 '긴급명령'의 세계이다.

이런 사태가 일본에서 일어난다면 큰일이다. 도쿄 세관장 시절 나는 영화사에서 '트래픽'의 필름을 빌려와 전 직원에게 감상하도록 했다. 남의 일이 아닌 현실에서 일어나고 있는 일이다.

HSBC는 그 밖에도 여러 의혹을 받았다. 호쿠리쿠 은행의 관련성이 의심되는 러시아인 자금 세탁 사건도 있다. 특히, 북한의 자금 세탁에도 관여했다는 의혹을 받고 있다. 이쯤 되면 FATF의 자금 세탁 대책이 테러 자금을 전제범죄로 간주하는 이유를 알 수 있다. 미국이 혈안이 되어 있는 것도 이해가 된다.

3 테러 자금과의 관련성

테러 현장에서의 경험

나는 테러 현장에서 많은 일을 겪었다.

1989년 런던 대사관에 근무할 당시 북아일랜드 벨파스트를 방문하게 되었다. 벨파스트 중심지에 도착한 내 눈에 들어온 것은 도로 양 끝에 설치된 출입문이었다. 출입문을 통과하려면 몸수색을 받아야 했다. 경계를 서던 경찰들의 지친 표정이 인상적이었다.

재판소를 호위하는 영국군 병사는 흙으로 쌓은 방어벽이 있는데도 내 차가 다가가자 벽에 달라붙듯 충격을 피하려는 행동을 보였다. 그들이 드러낸 생생한 공포가 아직도 잊히지 않는다. 당시 묵었던 호텔이 이틀 차이로 폭파되었다. 아일랜드 공화국군IRA의 폭탄 테러였다. 영국인들은 내가 벨파스트에 갔었다고 하면 모두 깜짝 놀란다.

제1차 걸프전 때는 관전 무관으로 런던에서 이라크-쿠웨이트 국경에 갔다(엄밀히 말하면, 무관이 아닌 문관이었지만). 미군의 공습으로 파괴된 이라크군 기갑 사단의 잔해가 수킬로미터에 걸쳐 검은 연기를 내뿜고 있는 것을 눈앞에서

목격했다. 아무도 열화 우라늄탄의 미세 분말이 공기 중에 가득했던 것을 몰랐던 때라 나 역시 그 분말을 들이마시고 있었다. 그때 이후로 매년 검사를 받고 있다.

그 후, 곧장 이스라엘로 가 일본-이스라엘 조세조약 협상에 참여했다. 장기간 예루살렘에 머물렀다. 당시만 해도 안전하게 바위 사원이나 예리코에 갈 수 있었던 때였다. 그 짧은 시기 이후 동예루살렘에는 갈 수 없게 되었다.

회의가 없는 휴일, 나는 혼자 차를 빌려 구약성서의 유적을 둘러보기 위해 나섰다. 이제와 후회해도 소용없지만 그때 방탄차와 무장 호위를 거절하지 말았어야 했다. 브엘세바에 갔다 돌아오는 길에 그만 헤브론에 들어가게 되었다. 절대 들어가서는 안 될 도시였다. 도로 표지가 지워져 있었던 것을 보면 함정에 빠졌던 것 같기도 하다. 마을에 들어선 순간 총격을 받아 뒤쪽 차창이 산산조각 났다. 렌터카 번호판이 아랍어가 아닌 히브리어였기 때문이다.

방탄차가 아니었기 때문에 칼라슈니코프의 총탄이 쏟아지면 차체의 강판 따위 쉽게 관통된다. 드라마나 영화에서는 경찰관이 차를 엄폐물 삼아 총격전을 벌이는 장면이 종종 나오지만 현실은 그나마 아예 없는 것보다 나은 정도에 불과했다.

생사의 경계에서 헤브론 중심부의 경찰서로 피할지 유턴해서 마을을 빠져나갈지 판단해야 했다. 칼라슈니코프의 사정거리가 250야드 정도였기 때문에 그쯤에서 차를 세우고 순간적으로 결단을 내렸다. 온몸의 피가 빠져나가는 느낌이 바로 이런 것이구나 하는 생각이 들었다. 전속력으로 헤브론을 빠져나갔다. 자동차 핸들 위에 몸을 숙이고 전속력으로 달리는 것은 쉬운 일이 아니었다. 해보면 안다. 영화는 영화일 뿐이었다.

결국 헤브론 북쪽에 있는 군 시설로 도망쳤다. 외교관 여권으로 체류 중이었기 때문에 이스라엘 정부로서도 불상사는 피해야 했다. 곧장 우지UZI 기관단총을 든 이스라엘 군 장교의 호위를 받으며 차에 올랐다. 그는 나를 뒷좌석에 태우자마자 기관단총에 탄환을 장전했다. 응전 태세를 갖춘 것이다. 하지만 자칫 총이 발사된다면 지근거리에서 9밀리 파라블럼의 직격탄을 맞을 수도 있는 만큼 불안이 가시지 않았다.

그때부터 사람들은 위험한 임무가 있으면 나를 먼저 찾았다. 가끔 불평을 하면 내가 그런 일을 좋아하는 줄 알았다는 대답이 돌아오곤 했다.

한편, 페루 최대의 반정부 테러조직 빛나는 길Sendero Luminoso의 테러가 잇따르던 1993년에는 후지모리 대통령의 남동생을 만나기 위해 페루의 수도 리마를 방문하게 되었다. 공항에 도착하자마자 출입국 심사도 없이 은밀히 지하 주차장으로 안내된 나는 곧장 벤츠에 태워졌다. 지뢰방호형 방탄차였다. 무장 호위도 타고 있었다. 말수가 적고 몸집이 작은 데다 볼품없는 콧수염을 기르고 있었다. 그의 쓸쓸한 눈빛이 그간의 참혹한 실상을 말해주는 듯했다.

앞쪽의 방탄유리는 우유병의 바닥처럼 앞이 거의 보이지 않았다. 무장 호위로부터 '전부 자신이 할 테니 문손잡이도 만지면 안 된다'는 주의를 받았다. 차에서 내리기 전 그는 총을 뽑았다. 사방의 안전을 확인한 후 문을 연 그는 'GO!'라고 외쳤다. 나는 문이 열리는 동시에 건물 입구를 향해 빠르게 뛰었다. 건물 안에는 완전 무장한 병사들이 기다리고 있었다.

일본 대사관과 대사관저는 요새와 같았다. 중기관총을 장착한 여러 대의 군용 지프가 입구를 막고 있었다. 간혹

폭탄을 실은 무인차가 돌진하는 일이 있었기 때문에 방해물이 잔뜩 놓여 있었다. 시내 호텔 대신 대사관저에 머물렀다. 얼마 후 반군 세력인 투팍 아마루가 인질 사건을 벌인 바로 그 관저였다.

기후岐阜 현 경찰본부에서 현경 본부장으로 근무할 때는 옴진리교의 지하철 사린 테러와 구니마쓰 다카지国松孝次 경찰청장관 총격 사건이 일어나 비서관과 운전사까지 무장한 상태로 통근했다. 그 와중에 황위 계승이 유력했던 황족 부부가 공식 행사차 기후를 방문했다. 도로 한복판에서 뚜껑도 없이 달리는 차를 호위했다. 사린가스 공격이 가해지면 목숨을 잃을 수도 있었다. 그때는 이미 위험 감각 따위 마비된 상태라 초연할 수 있었다. 다만 '사수死守'라는 말의 의미를 처음으로 이해할 수 있었다. 함께 호위했던 수행원도 내가 검도 유단자에 총기를 잘 다루고 기병에 버금갈 만큼 말을 탄다는 것을 알고 꽤나 안심했던 것 같다.

이런 일을 하다 보면 전철이 도착할 때 들려오는 '승강장에서 한 걸음 물러나십시오'라는 주의 방송 하나도 허투루 들리지 않는다

테러 자금과 테러 대책

알카에다의 테러로 나이로비의 미 대사관이 폭파된 직후 현지에 들어갔다. 커다란 대사관 건물이 완전히 무너져 있었다. 그때는 아직 알카에다의 테러인지 아닌지 알지 못하던 적어도 공식적으로는 알려지지 않은 상황이었다.

알카에다의 광범위하고 강력한 테러의 배경에는 풍부한 자금력이 있었다. 원래 오사마 빈 라덴은 사우디아라비아 출신의 대부호였다. 알카에다의 자금원은 오사마 빈 라덴의 배후에 있는 오일 머니였다. 오바마 대통령이 파키스탄에 숨어 있던 빈 라덴을 사살한 후 알카에다가 대규모 테러를 수행할 수 없게 된 것은 자금원이 끊겼기 때문일 것이다. 테러 대책에는 테러 자금 봉쇄가 효과적이다. 다만, 테러를 근절하기 위해서는 절망과 자포자기를 낳는 빈곤 문제를 해결해야만 한다.

빈 라덴의 자금이 어떤 경로로 테러 대상국에 들어갔는지에 대해서는 전혀 알려진 바 없다. 정말 모르거나 모르는 척 감추고 있거나 둘 중 하나이다. 후자라면 적이 눈치채지 못하도록 숨기고 있는 것이다.

간혹 BCCI나 HSBC와 같은 금융 기관이 전면에 드러나기도 한다. 그렇기 때문에 국제자금세탁 방지기구의 '40개 권고사항' 대부분이 금융 기관에 대한 기술에 집중되어 있는 것이다. 역사는 되풀이된다는 것을 명심해야 한다.

제5장
잇따른 금융 위기

1 자금의 위협

폭주하는 자금

2008년에 일어난 리먼 쇼크는 1929년의 대공황 이후 최악의 위기로 '100년에 한 번 있을 법한 위기'라는 말까지 있었다. 북대서양 금융 위기로 불리기도 했지만 전 세계적 규모의 위기로 번졌다. 아직까지 그 영향이 계속되며 금방 잦아들 기세도 아니다.

1990년대 이후의 세계 경제를 돌이켜보면 잇따른 경제 위기의 연속이었다. 그 진원이 금융 시스템이라는 점에서 이전의 경제 위기와 매우 다른 양상을 보인다. 그런 의미에서, 경제 위기라기보다 금융 위기라고 불러야 할 것이다.

잇따른 금융 위기의 배후에는 폭주하는 과잉 자금이 있다. 그런 과잉 자금이 생겨나는 과정에는 어떤 식으로든 조세 피난처가 얽혀 있다. 여기서 말하는 조세 피난처는 케이맨 제도와 같은 지역뿐만이 아니다. 런던의 시티와 같은 선진국 역외 금융센터도 포함된다.

내가 이 책을 통해 독자들에게 전하고 싶은 가장 중요한 문제의식은 불필요한 금융 위기를 거듭 초래하는 자금의 폭주이며 헤지펀드 등에 머니 게임의 무대를 제공하는 조세 피난처(선진국 역외 금융센터를 포함한)의 해악이다.

금융 위기의 메커니즘

폭주하는 과잉 자금이 왜, 어떤 방식으로 세계 경제를 위기에 빠트릴까. 그 메커니즘을 이해하는 것은 그리 어려운 일이 아니다.

과잉 자금의 폭주는 고도의 기술이 집약된 금융 상품이 잇따라 발명되면서 머니 게임에 가세한 데다 무서운 성장세로 증가했기 때문이다.

구체적인 예를 들면, 파생상품 거래 확대가 가장 큰 요인이었다. 국제결제은행BIS의 파생상품 통계 자료는 일본은행 홈페이지를 통해 볼 수 있다. 다만, 통계 조사가 시작된 시기가 1990년대 말인 데다 리먼 쇼크에 지대한 영향을 미친 신용부도스와프CDS를 합산해볼 수 없는 등의 문제가 있다. 그렇기 때문에 정확한 통계 수치를 알 수 없다. 헤지펀드 조사기업인 유리카 헤지가 2011년 11월 발표한 자료에 따르면, 헤지펀드의 운용 총액은 1조 7,700억 달러이다. 그 밖에도 다양한 통계가 있지만 그다지 신뢰도가 높지 않다. 다만, 무서운 기세로 성장해 천문학적인 숫자에 달했다는 것만은 보장할 수 있다.

금융 상품의 범람을 신용부도스와프를 중심으로 살펴볼 수 있는 국제스와프파생상품협회ISDA의 자료가 있다. 이 자료에 따르면 CDS는 폭발적인 증가세를 보이며 2007년에는 명목총액 기준 62조 달러에 달했다. 다만, 서브프라임 모기지론 사태로 세계적인 투자은행 베어 스턴스가 무너진 이후 해마다 감소세로 돌아섰다.

CDS는 일종의 보증 보험과 같다. CDS는 국가나 기업이 파산할 위험에 대비해 정기적으로 일정 금액의 수수료를 지불하고 원금을 보장받는 신용 파생상품이다.

문제는 일단 채무 불이행이 일어나면 엄청난 손실이 발생한다. 서브프라임 모기지론 사태가 일어났을 때 제일 먼저 CDS의 타격을 입은 것은 BNP 파리바였다. 당시 상황은 파리바 쇼크라고 불리었다. 사태는 일파만파로 번지며 리먼 쇼크로 이어졌다.

한편, 과잉 자금이 경제 위기를 초래하는 방식에 대해 이해하려면 머니 게임의 주전 격인 헤지펀드와 자금 공급원으로서의 개인 부유층과 기관투자자 더 나아가 세계적인 거대 금융 기관의 움직임에 주목할 필요가 있다.

예컨대, 1992년에 일어난 파운드 위기의 경위를 살펴보자. 파운드 위기의 원인은 조지 소로스가 주도한 퀀텀펀드의 파운드 공매도 공격이었다. 소로스는 당시 유럽환율조정장치ERM라는 통화제도에 가입되어 있던 파운드가 고평가되었다고 판단했다. 그리고 세계적인 금융센터를 거느린 영국을 상대로 파운드 공매도 공세를 펼쳤다. 소로스가 동원한 자금은 약 100억 달러에 달했다고 한다.

영국이 상대해야 할 상대는 소로스뿐만이 아니었다. 시장도 소로스를 따라 성난 파도처럼 파운드를 공격했던 것이다. 잉글랜드 은행은 결사 항전을 외치며 파운드를 적극 매입해 방어에 나섰다. 하지만 시장의 자금 규모에 비할 바가 아니었다. 결국, 소로스와 그의 투기 행각을 따르는 자금의 공격 앞에 잉글랜드 은행과 영국 재무성은 무릎을 꿇었고 영국은 유럽환율조정장치를 탈퇴하게 되었다.

영국 재무성과 잉글랜드 은행의 행동은 돈키호테나 다름없었다. 그 사실을 깨달았을 때에는 이미 270억 달러에 달하는 자금은 허비한 후였다. 결국은 모두 납세자의 부담으로 돌아올 것이 뻔했다. 한편, 소로스의 개인 자산은 1992년에만 무려 6억 달러 이상 증가했다고 한다.

레버리지

투기 자금에 의해 파괴되는 금융 시스템을 지키기 위해 정부가 동원할 수 있는 자금은 헤지펀드 등의 시장이 움직이는 자금 규모에 비하면 미미한 수준에 불과하다. 외환 시장에 대한 개입만 보아도 알 수 있다.

정부 자금의 개입만으로 외환 시장을 통제할 수 없는 이유는 무엇일까. 정부와 시장이 움직일 수 있는 자금 규모의 압도적인 차이 때문이다. 정부 자금으로 외환 시장의 통제가 가능하다면 애초에 변동환율제를 채택하지 않았을 것이다. 고정환율제를 유지할 수 없는 것은 시장의 집중 투매에 대항해 정부가 매수할 수 있는 자금의 규모가 너무나 작기 때문이다. 헤지펀드 등이 동원하는 투기 자금은 한 나라의 경제를 집어삼킬 수 있을 뿐 아니라 세계 경제까지 뒤흔들 만한 규모이다.

어떻게 그런 일이 가능할까. 여기에서 '레버리지leverage

를 이용하는' 수법이 중요하게 떠오른다. 레버리지란 '지렛대'라는 뜻이지만 금융 업계에서는 실제 가진 자금보다 훨씬 많은 자금을 움직여 투자하는 행위를 가리킨다.

헤지펀드는 조달해온 대량의 자금을 담보로 돈을 빌려 레버리지 투자를 한다. 매우 위험하지만 그만큼 높은 수익 비율의 투자로, 실은 투기 행위이다. 그 비율은 실물 자산에 대한 투자 비율을 월등히 웃돈다. 그렇기 때문에 실물 자산이 아닌 투기에 자금이 쏠리는 것이다.

폭주 자금의 공급원

문제는 그런 헤지펀드에 자금을 공급하는 자금원 중에 다름 아닌 선진국의 역외 금융센터가 포함되어 있다는 사실이다. 앞서 이야기했듯이, 전 세계 곳곳에서 조세 피난처로 유입되는 개인 부유층이나 기관투자자 그리고 거대 금융 기관의 거액의 자금이 투기 자금으로 변모해 시장에 나타난다.

사실상 거대 금융 기관과 헤지펀드의 구분이 무의미한 경우가 있다. 투자은행으로 유명한 구미의 거대 금융 기관들의 행태가 특히 그렇다. 투자은행은 예금을 담보로 돈을 빌려주는 보통 상업은행과 달리 채권 발행 등으로 기관투자자로부터 대규모 자금을 조달해 운용하는 은행이다.

예금을 취급하지 않기 때문에 예금자 보호를 목적으로 하는 엄격한 규제에 얽매이지 않는다. 파산한 리먼 브라더스나 베어 스턴스 등은 투자은행의 전형이었다.

거대 금융 기관이 투기적 행위를 하게 되면 헤지펀드와 금융 기관 사이에 명확한 선을 긋기 힘들다. 또 헤지펀드에 대한 정의 자체가 어려워진다. 이를 염두에 두지 않으면 금융 위기의 메커니즘을 이해하는 데 곤란을 겪을 수 있다.

펀드

이런 관점에서 보면, 소로스의 퀀텀펀드와 같은 전형적인 헤지펀드 이외에도 비슷한 행동 양식을 보이는 다양한 펀드가 있다는 것을 알 수 있다. 다만 이들을 모두 좁은 의미의 헤지펀드로 볼 수는 없기 때문에 주로 '펀드'로 통칭하는 경우가 많다.

일반적으로 펀드는 투자자로부터 모은 자금을 투자해 얻은 이익을 다시 투자자에게 배분하는 구조이다. '투자 펀드'라고도 한다. 펀드에는 다양한 분류가 있는데 그중에서도 헤지펀드와 사모펀드가 유명하다. 사모펀드는 기업을 매수한 후 우수한 인재를 파견해 기업 경영에 참여하는 방식으로 기업 가치를 높인 후 되팔아 수익을 남기는 펀드이다.

주식이나 채권 투자를 전통적 투자라고 한다면 펀드 투자는 대체 투자로 불린다.

어느 쪽이든 이 책에서 '헤지펀드 등'으로 언급되는 내용은 전형적인 헤지펀드뿐 아니라 보통 '펀드'로 불리는 투자 형태를 포함한 경우가 있다.

헤지펀드와 조세 피난처

전형적인 헤지펀드는 기본적으로는 사모私募 즉, 특정 소수의 투자가를 상대로 자금을 모집한다. 공모公募의 경우에는 일반 대중 투자가를 보호하기 위한 법 규제가 엄격하다. 공모의 전형적인 예로는 투자신탁이 있다.

헤지펀드는 주로 조세 피난처 혹은 역외 금융센터에 설립된다. 조세 피난처의 세 가지 특징인 세제, 비밀보호, 규제감독법제 등을 고려한 선택이다. 예컨대, 소로스의 퀀텀펀드는 퀴라소에서 설립되었다. 그 밖에도 델라웨어 주법에 근거해 설립된 것도 있다.

헤지펀드의 정의가 엄밀하지 않기 때문에 자료도 제각각일 수밖에 없다. 조금 오래된 국제통화기금IMF의 보고서도 있지만 공공연히 실체를 드러내지 않는 헤지펀드가 있는가 하면 위장된 헤지펀드도 있기 때문에 자료가 얼마만큼 실태를 반영하고 있는지 주의해서 살펴볼 필요가 있다. 따라서 IMF 보고서를 비롯한 입수할 수 있는 자료로 파악할 수 있는 것은 고작해야 숫자의 자릿수 정도이다.

덧붙이자면, 펀드나 투자 펀드의 투자 행위와 헤지펀드의 투자 행위는 본질적으로 같다고 보면 된다. 다른 점이라면, 헤지펀드는 법으로 보호하는 일반 대중 투자가 대상의 사업이 아니기 때문에 규제가 느슨하다는 정도이다. 그렇기 때문에 더더욱 헤지펀드를 구별하기 쉽지 않다.

과거 일본에서 지하경제가 심각한 문제로 대두된 일이 있다. 이탈리아의 마피아가 주도하는 지하경제가 불씨를 당긴 경제의 이중 구조 문제가 일본에까지 번진 것이다. 제2차 세계대전 당시 해군 장교로 참전해 '원사'라는 별명으로 불리던 주세국장이 있었다. 그는 대장성 위원회에서 지하경제에 관한 질문 공세를 받았다. 그는 '모르니까 지하경제이지 알았으면 진즉에 국세 당국에서 과세했을 것이다'라고 태연하게 대답했다. 질문자도 입을 다물 수밖에 없었다. 헤지펀드도 마찬가지이다.

조세 피난처에 설립된 수상한 헤지펀드의 감언이설에 넘어가 큰 손해를 보는 사건도 끊이지 않는다. 매도프 사기 사건이 그 전형이다. 투자가 보호는 중요 과제이지만 소수의 전문 투자가를 상대로 하는 헤지펀드의 경우, 금융상품거래법과 같은 일반 대중 투자가를 보호하기 위한 규제법과 충돌할 수 있기 때문에 신중히 판단해야 한다.

2 되풀이되는 금융 위기

최근 약 20년간의 금융 · 통화 위기를 역사 연표식으로 나타내보았다(표 5-1). 1990년대에 들어서면서 금융 · 통화 위기가 빈번하게 일어나고 있는 것을 확인할 수 있다. 거기에는 파이낸스 이론의 급속한 발전에 따른 머니 게임이 큰 역할을 하고 있다. 사실상 머니 게임이 초래한 위기가 대부분이라고 해도 과언이 아니다. 거듭되는 금융 · 통화 위기의 몇 가지 사례를 살펴보고 포인트를 짚어보기로 하자.

블랙 먼데이

1987년 10월에 일어난 블랙 먼데이는 1929년 블랙 서스데이의 하락 폭을 상회하는 뉴욕 증권거래소의 주가 대폭락 사건이다. 당시 이미 블랙 숄즈 모형과 같은 파이낸스 이론의 급속한 발전을 배경으로 유동성 공급이 급증한 상황이었다. 또 컴퓨터를 이용한 매매 시스템이 개발되면서 특정 방향으로 투자자들이 몰리는 밴드 왜건Band Wagon 효과가 두드러졌다.

1987년	블랙 먼데이
1990년	스웨덴 위기
1991년	BCCI 파산
1992년	파운드 위기
1990년대 중반	중남미 경제 위기(멕시코, 브라질, 아르헨티나)
1997년	아시아 통화위기
1998년	일본 금융 위기
	LTCM 파산
	러시아 채무불이행
2000년	IT 거품 붕괴
2001년	엔론 사태
	아르헨티나 채무불이행
2005년	파르말라트 사태
2008년	리먼 쇼크
2012년	유럽 통화위기

표 5-1 과거 20년간의 주요 금융 · 통화 위기

블랙 먼데이란 결국 주식 시장에 몰린 과잉 자금이 일제히 빠져나간 현상이다. 이때부터 이미 과잉 유동성 문제와 국경을 넘나드는 자금이라는 금융 위기의 가장 큰 포인트를 확인할 수 있다.

스웨덴 위기

1990년의 스웨덴 위기는 규제 완화로 인한 과잉 유동성 때문에 발생한 부동산 거품과 그 붕괴로 인해 일어났다. 당시 스웨덴 정부는 금융 기관에 공적자금을 투입하고 구조 개혁을 추진함으로써 위기를 넘겼다. 대규모 금융 위기가 발생하는 경우 GDP의 10%에 해당하는 막대한 공적자금이 필요하다는 가치관은 이때 형성된 것으로 보인다.

표 5-1에 포함시키지는 않았지만 1980년대 두 번에 걸친 저축대부조합S&L(Savings & Loan Association) 위기 당시 미국이 투입한 공적자금의 규모도 GDP의 10%라는 가치관에 기초했다. GDP의 10%라는 가치관은 일본의 금융위기에도 도움이 되었다. 일본의 GDP는 약 500조 엔 규모이다. 금융 위기 당시 일본 정부는 당초 60조 엔을 준비했다 다시 70조 엔으로 늘렸다.

아시아 통화 위기

1990년대 초 고정환율제를 채택하고 있던 아시아는 자본 거래 자유화로 핫머니라고 불리는 단기자금이 대량 유입되면서 번영을 누렸다. 그런데 태국의 고정환율제가 오래가지 못할 것으로 본 헤지펀드가 바트화를 대량 투매했다. 외환 위기를 맞은 태국은 IMF에 지원을 요청했다. 태국의 위기는 삽시간에 주변국으로 퍼졌다. 헤지펀드가 불을 댕겼다는 점에서 파운드 위기와 아시아 통화 위기는 구조적으로는 비슷한 면이 있다.

일본의 금융 당국은 대국 인도네시아를 아시아 경제의 최종 방어선으로 보고 철저한 방어책을 강구했지만 시장의 거센 투매 바람을 견디지 못한 인도네시아도 결국 함락되고 말았다. 당시 나는 정책 협의를 위해 캐나다 수하르토 대통령을 만나러 가는 외무대신을 따라 자카르타를 방문했다. 거리에는 짓다 만 빌딩들이 을씨년스럽게 방치되어 있었다. 거리를 지나는 사람들의 표정도 어딘가 공허해 보였다.

그 후 얼마 지나지 않아 세계 10위의 경제력을 자랑하던 한국도 IMF의 관리 체제로 들어갔다. 실질 GDP는 마이너스 5%대로 곤두박질치고 원・달러 환율은 2,000원대까지 치솟았다. 외화 보유고는 거의 바닥이 난 상황이었다. 한국 국민들은 금반지나 목걸이 등의 귀금속을 모으면서까지 국가의 위기를 막아내려고 했다.

아시아 통화 위기를 통해 다시 한 번 확인할 수 있는 것은 국경을 초월한 대량의 자금 앞에서 정부의 대항책 따위는 무력하다는 점이다. 앞서 이야기했듯이, 정부가 움직일 수 있는 자금량은 시장의 막대한 자금량과 비교도 되지 않는다. 또 한 가지, 한 나라의 위기는 이내 가까운 여러 나라들에게까지 번진다는 것이다. 일단 시장에 불안한 기류가 흐르면 삽시간에 전염된다.

일본의 금융 위기——코앞에 닥친 위기

1998년에 일본을 덮친 금융 위기는 정책 실패가 불러온 위기의 전형이다.

재정 적자로 허덕이던 일본은 금융 완화와 같은 경기 자극책에 지나치게 의존했다. 그 결과, 과잉 유동성이 발생하고 자산 인플레이션이 나타났다. 당시 일본은행은 '토지·주식 등에 자산 인플레이션이 발생했지만 소비자 물가지수 등이 오르지 않았으니 문제없다'는 오판을 했다. 정신을 차렸을 때는 이미 전대미문의 거품 경제가 도래한 후였다.

과열된 경제를 통제하기 위해 급격한 금융 긴축 정책을

펼쳤지만 이번에는 지나치게 과격한 방식이 문제가 되었다. 그 결과, 경제 전체가 급속도로 축소되고 부채 · 설비 · 고용의 '3대 과잉'에 시달렸다. 특히, 금융 기관은 돈을 빌린 기업들이 잇따라 경영 악화에 빠지는 바람에 대량의 불량채권을 떠안게 되었다. 대부분의 금융 기관들이 실질적인 채무 초과 상태에 빠졌다. 자금이라는 경제의 혈액을 공급하는 기능은 사라지고 실물 경제에 필요 이상의 큰 피해를 입혔다.

애초에 위기를 부른 계기는 엔고에 대한 공포에 사로잡혀 불필요한 경기 자극책을 폈기 때문이다. 경기 자극책이라고 해도 이미 재정은 피폐한 상태였기 때문에 금융 정책에 지나친 부담을 지웠다. 단지 경기를 자극하기 위한 금융 완화였기 때문에 과잉 유동성 문제를 일으키고 거품이 낀 것이다. 혼비백산해서 긴축 정책에 나서지만 이번에는 덮어놓고 돈줄을 조이는 바람에 거품이 붕괴하면서 그 후 약 20년에 이르는 장기 침체를 가져왔다. 이것을 정책 실패 이외에 달리 뭐라고 할 수 있을까.

금융 규제 행정 당국은 연착륙을 시도했지만 위기의 한복판에서 그런 시도가 잘 될 리 없다.

'일본의 금융 위기가 세계 금융 위기의 도화선이 되는 것은 아닐까?'

전전긍긍하며 바라보는 각국의 시선 속에서 일본 정부도 적극적인 진화에 나서지 않을 수 없었다. 60조 엔의 공적자금을 투입하기로 결정했다. 당장 눈앞의 불을 꺼야 할 상황에 연착륙 시나리오로 대처하려고 했던 것이 관료들의 어리석은 생각이었다. 결국, 일본 장기신용은행이 시장에 의해 무너지면서 경착륙 노선을 택하게 되었다. 정부는 일본 채권신용은행의 파산을 결정했다.

당시 나는 오부치 게이조小渕恵三 총리와 노나카 히로무野中広務 관방장관을 만나 부실 은행 국유화라는 경착륙 시나리오를 설명했다. 두 사람의 인가를 얻어 강습양륙強襲揚陸 작전을 펼칠 수 있었다. 그 두 사람이 선뜻 결단을 내려주지 않았다면 정말 위험했을 것이다. 나는 금융감독청 특별공적자금관리팀에서 부실 은행의 국유화를 진두지휘했다. 덕분에 특공特公이 아닌 특공特攻 팀이라는 별명을 얻게 되었다.

그 무렵, 주요 선진국의 재무성·금융감독청·중앙은행으로 구성된 금융안정화포럼FSF이 만들어졌었다. FSF의 첫 번째 회의 의제는 당연히 일본의 금융 위기였다. 일본발 세계 금융 시스템 붕괴라는 일촉즉발의 위기 앞에서 각국의 당국자들은 암흑의 심연을 들여다보듯 공포에 질린 표정이었다.

회의에 참가한 각국 당국자들은 하나같이 '우리가 할 수 있는 일이 있다면 무슨 일이든 협력하겠다'며 입을 모았다. 일본의 정책 실패를 비난하는 발언은 전혀 없었다. 그만큼 일본발 세계 금융 시스템 붕괴라는 시나리오는 '코앞에 닥친 위기'였던 것이다.

일본의 금융 위기——오랜 정책 실패

1971년 이후 일본 경제의 역사는 거듭되는 정책 실패의 역사였다.

고도 성장기에는 세수의 자연증수로 국고가 넉넉했다. 대강 자연증수분의 3분의 1은 정직한 정책 예산에 들어가고, 3분의 1은 감세, 나머지 3분의 1은 허비하는 식의 재정 운영이 이루어졌다.

정치가는 자기 지역구에 대한 이익 유도를 우선했다.

유권자들이 그런 정치인에게만 표를 주었기 때문이다. 유권자의 책임도 가볍지 않다. 게다가 의원 정수의 배분이 지방에만 치우쳐 있었다. 각 부처들 역시 자신들의 이익 확보를 우선했다. 특정 집단의 이익을 대변하는 정치가와 관료 그리고 업계 단체의 '철의 삼각형' 체제는 다나카 가쿠에이田中角栄 총리 시절에 정점에 달했다. 온 나라에 세금 도둑들이 넘쳤다. 정부 관료들까지 국익보다는 자기 조직의 이익을 우선하는 풍조에 젖어 대의를 잃었다. 관료 조직에 몸담았던 내가 실제 느낀 감각이다.

360엔이라는 초 엔저 시대에 수출로 떠받쳐온 고도의 경제 성장은 1971년의 닉슨 쇼크를 계기로 변동환율제로 이행하자 급격한 엔고 현상이 일어나면서 수출 주도의 고도 성장기는 막을 내렸다. 역설적인 것은, 같은 해인 1971년부터 사회복지제도의 정비가 시작되었다는 점이다. 당시의 사회복지제도가 실패한 본질적인 이유는 종전과 같은 세금의 자연증수가 계속될 것을 전제로 시스템을 만든 것이었다. 계산이 맞지 않는 것이 당연하다. 복지 원년은 재원이 급격히 바닥나기 시작한 원년이기도 했다.

게다가 엔고로 경기가 악화되면서 대중매체를 필두로

일본 사회 전체가 고통을 호소하자 케인즈적 정책을 통해 위기를 해결하고자 했다. 재정은 악화될 뿐이었다. 당시에는 대장성이 일본은행보다 힘이 셌기 때문에 자연히 경제 정책은 금융 완화에 의존하게 되었다. 결국, 그것이 과잉유동성 문제를 일으켜 거품 경제를 유발했다.

변동환율제와 엔고는 피치 못할 상황이기 때문에 이를 감당하지 못한 산업·기업은 시장에서 퇴출되는 것이 맞다. 그러지 않으면 정책 자금에 의존해 간신히 연명하는 산업·기업들이 좀비로 변해 계속해서 일본 경제의 발목을 잡을 것이다. 그것을 깨닫지 못하고 보호정책을 고수해온 정치가와 관료 그리고 대중매체의 어리석음을 탓하지 않을 수 없다. 장기적으로 보면 일본의 경제 정책 운영의 실패는 서툴기 짝이 없는 엔고 대응에 있었다. 경제학자나 평론가가 이 점을 날카롭게 지적하지 않는 것이 이상할 뿐이다.

금융행정 면에서는 보호행정과 감독행정이라는 상반된 행정을 대장성 산하의 같은 부국에서 맡고 있었기 때문에 제대로 될 리가 없었다. 게다가 담당 부국인 은행국 등의 관료는 관련 지식은 물론이고 능력도 부족했다. 금기야 대장성 증권국장 등의 고위 관료와 금융 기관의 유착 비리가 드러나면서 엄청난 파문에 휩싸였다.

결국 대장성은 재무성과 금융청으로 분할되었다. 금융 정책의 결정 권한도 일본은행으로 이양되었다. 잇따른 재정 · 금융 정책 실패가 부른 당연한 결과였다. 금융 정책에 대한 중앙은행의 독립성이 보장될 때 경제 운영에 성공할 확률이 높다.

일본의 재정 적자는 선진국 중에서도 최악의 상황이다. 정부 장기채무 잔고는 GDP의 2배, 단년도 국채발행액이 세수보다 많은 상황이다. 이대로는 소비세를 아무리 올려봤자 밑 빠진 독에 물 붓기이다. 언제 터져도 이상하지 않은 시한폭탄을 안고 있는 셈이다.

LTCM 파산

롱텀캐피털매니지먼트LTCM는 노벨 경제학상 수상자가 둘이나 포함된 유명한 헤지펀드였다.

LTCM은 엄청난 자금력과 첨단 금융 기법으로 이름을 날렸다. 하지만 사소한 판단 실수로 순식간에 파산의 늪에 빠졌다. 사실상 첨단 금융 기법은커녕 차익거래로 수익을 내고 있었던 것이다.

돈을 빌려 레버리지 투기를 하던 LTCM이 채무불능 상태가 되자 그 파급 효과로 전 세계 금융 기관 특히 미국의 금융 기관이 연쇄 도산할 가능성이 제기되었다. 뉴욕 연방준비은행의 맥도너 총재는 주요 거대 금융 기관들의 수장을 뉴욕으로 불러 모으고 반강제적으로 자금을 갹출해 급한 불을 껐다.

맥도너 총재와는 같은 바젤 위원회와 금융안정화포럼의 회원으로 잘 아는 사이였다. LTCM 사태가 마무리된 후, 연방의회에 불려 나온 맥도너 총재가 LTCM을 구제한 일로 질책 당하는 장면을 TV 생중계로 보았다. 일본의 금융 위기가 심화되던 때였다. 당시 맥도너가 주도한 구제금융 자금이 없었다면 미국은 큰 혼란에 휩싸였을 것이다.

IT 거품 붕괴

ITInformation Technology는 새로운 성장 요인으로서 기대가 높았다. 특히 2000년 Y2K 문제에 대응하기 위해 중앙은행이 대량의 자금을 공급한 일로, IT 관련 주식이 급등했다. 이른바 IT 거품이다. 하지만 IT가 예상만큼 기업 이익 효과를 내지 못한다는 것을 알자 썰물 빠지듯 거품은 붕괴했다.

거품 붕괴가 한창일 때 엔론의 부정회계 문제가 드러났다. 미국의 회계기준FAS은 엄격한 세부 규정이 있기 때문에 오히려 빈틈을 찾아내기 쉬운 면이 있다. 그런 빈틈을 파고든 엔론은 파생상품 거래 등을 이용해 분식을 했다. 케이맨 제도가 그 중요한 무대였다. 2001년 엔론은 챕터Chapter 11을 신청했다. 챕터 11이란, 기업 회생 절차와 유사한 제도이다.

엔론의 부정 회계 조작에 가담했던 회계법인 아서 앤더슨도 해체되었다. 세계적으로 손꼽히는 명문 회계 법인이었음에도 불구하고 해체될 수밖에 없었던 것이다.

이 사태의 교훈은 회계 기준의 투명성이 없으면 정확한 자료를 얻을 수 없기 때문에 어떤 처방전도 무의미하다는 것이다.

3 위기의 연쇄와 위험

고도화된 금융 상품의 문제점

파생상품 외에도 고도의 기술이 집약된 금융 상품의 문제점은 실은 아무것도 만들어내지 못한다는 것이다. 바꿔 말하면, 그런 금융 상품이 사고 팔림으로써 위험의 총량이 줄어들지는 않는다는 것이다.

물론, 경제 이론적으로는 위험을 부담할 능력이 없어 투자에 뛰어들지 못하는 경우라도 누군가 대신 위험을 떠안아준다면 투자에 나설 수 있고 투자도 촉진된다. '위험을 떠안는' 서비스를 제공하고 그 대가를 받는다는 의미에서 새로운 부가가치 상품을 창출했다고도 볼 수 있다.

신용부도스와프CDS는 기업이 도산해 채무 불능 상태에 빠지는 경우, 내가 입게 될 손실을 다른 제삼자에게 보장받는 파생상품이다. 위험을 전가하는 대신 정기적으로 일정 금액의 수수료를 지불한다.

얼핏 보기에는 굉장히 뛰어나고 효과적인 위험 분산 대책 같지만 실제 시장 전체로 보면 위험의 총량은 조금도 줄지 않는다. 즉, 위험 분산이라고는 해도 다른 누군가에게 돈을 내고 위험을 전가하는 것뿐이지 경제 전체의 위험이 줄어드는 것은 아니다. 그리 좋은 비유는 아닐지 모르지만, 조커게임(마지막에 조커를 가진 사람이 지는 카드게임)에서 조커를 쥔 사람이 바뀌는 것뿐이다.

더 큰 문제는 외부에서 기업의 위험성을 정확히 계산할 수 없다는 점이다. 바로 그때 신용평가회사가 등장해 '이 기업의 신용등급은 AA+이다'라는 식으로 발표하면 모두 그 말을 믿고 행동한다.

신용평가회사의 존재 자체를 부정할 생각은 없지만 그들의 평가를 맹신하지 말고 신중히 판단해야 한다. 리먼 쇼크의 방아쇠를 당긴 서브프라임 모기지론 사태도 실은 신용평가회사의 등급평가 실수 때문이었다. 어쩌면 의도적인 실수였을 가능성도 있다. 신용평가회사 스탠더드앤드푸어스S&P는 미 사법 당국으로부터 제소 당했다.

대마불사

리먼 브라더스는 파산했지만 AIG는 정부의 공적자금으로 겨우 연명할 수 있었다. 무슨 이유에서일까.

리먼 브라더스의 파산 당시 당국의 관료들은 시장 원리에 따라 경영에 실패한 기업이 도산하는 것이 당연하며 그것이 자연 도태이자 경제의 법칙이라고 생각했다. 그런데 막상 리먼 브라더스가 파산하고 그 영향이 경제 전반에 두루 미치자 '큰일 났다'는 것을 깨달았다. 대형 투자은행의 파산이 부른 엄청난 파급 효과에 간담이 서늘했던 것이다. 덕분에 AIG는 파산을 면할 수 있었다.

'대마불사大馬不死(너무 커서 쓰러트릴 수 없다)'의 대표적인 예이다. 대마불사는 파산 위기의 거대 금융 기관에 공적 자금이 투입될 때면 반드시 듣게 되는 표현이다.

위험과 연쇄

서브프라임 모기지론과 같은 위험한 파생상품이 범람하는 상황에서는 애초에 누가 얼마만큼의 위험을 떠안고 있는지 알 길이 없다. 기업의 위험도를 평가해 신용부도스와프의 가격을 매긴다는 것 자체가 잘못된 생각이다.

1998년 일본 장기신용은행이 특별 공적 관리에 들어갔다. 특별 공적 관리란 실질적인 국유화를 뜻한다. 국유화로 파산 수순에 들어가는 것인지 그렇지 않은지가 큰 문제가 되었다. 보통 파생상품에는 채무 불능이 발생하는 즉시 정산하도록 되어 있는 채무 불이행 조항이 있다. 일본 장기신용은행이 채무 불능 상태에 빠지면 일본 장기신용은행이 일방 당사자인 모든 파생상품이 정산에 들어간다. 전 세계 어느 금융 기관이 어디에서 얼마만큼의 손실을 보고 그것이 어떤 부작용을 일으킬지 전혀 짐작도 할 수 없는 것이다. 한 치 앞을 알 수 없는 두려운 상황이었다.

이때 큰 활약을 한 것이 일본은행 국제국이었다. 전 세계 중앙은행에 긴밀히 연락을 취해 '일본 장기은행이 국유화되더라도 파산해서 정산에 들어가는 것은 아니다. 채무 불이행 조항에 해당하지 않는다'며 전 세계 금융 기관을 설득하고 합의를 이끌었다. 국제 스와프파생상품협회ISDA도 이를 받아들이면서 전 세계 딜러들의 컴퓨터 화면에는 온종일 '일본 장기신용은행의 채무 불이행 가능성 낮다'는 메시지가 흘러나왔다.

각국 금융 당국이 숨죽이며 지켜보는 가운데 급박한 상황은 무사히 마무리되었다. 일본 장기신용은행 사태는 금융계의 쿠바 위기에 비견될 만큼 위험한 사건이었지만 지금도 당사자 이외에는 아는 사람이 거의 없다.

세계는 하나로 연결되어 있다

일본 장기신용은행의 일화는 전 세계 금융 시스템이 얼마나 복잡하고 밀접하게 얽혀 있는지를 단적으로 보여준다. 지금, 누가, 어떤 위험을 떠안고 있는지는 모르지만 누군가 도산한다면 연쇄 도산이 일어나고 그 파급 효과는 순식간에 국경을 초월해 전 세계로 퍼진다.

위험의 총량이 줄기는커녕 애초에 파생상품이라는 그럴듯한 포장이 없었다면 누구도 떠안지 않았을 위험이 아무렇지 않게 팔리고 있는 것이다. 세계가 떠안고 있는 위험은 오히려 증가했다. 게다가 그 위험은 대부분 과소평가되어 있기 때문에 위험성은 한층 커졌다.

이처럼 세계는 하나로 연결되어 있다. 글자 그대로 글로벌 경제인 것이다. 지구는 자전하기 때문에 세계 어느 나라든 반드시 영업 중인 곳이 있다. 즉, 시장은 24시간 쉬지 않고 움직인다. G7이나 G8 당사국의 재무장관, 금융감독청 장관, 중앙은행 총재는 취침 중에도 전화를 받고 중요한 의사결정을 해야 한다. 특히, 중앙은행 총재는 동업자 의식이 강해서인지 한밤중에 깨는 일이 적지 않다. 통역이 머리맡에서 대기 중인 것도 아니다. 영어를 못하면 중앙은행 총재로 일할 수 없다. 말이 통하지 않으면 일본이 무시당하기 쉽다.

국익의 관점에서도 국제 경험이 풍부한 인재가 중앙은행 총재를 맡는 것은 좋은 일이다. 국회도 영어 못하는 총재 후보의 인사를 승인하면 안 된다. 사족이지만 재무대신이나 총리를 꿈꾸는 정치가도 반드시 영어로 대화가 가능해야 한다.

헤지펀드의 해악

헤지펀드는 세계 경제에 피해를 주는 유해한 존재이다. 헤지펀드가 위험한 머니 게임을 하게 두어서는 안 된다. 롱텀캐피털매니지먼트의 실수로 맥도너 총재가 자금을 모으느라 얼마나 고생을 했던가. 태국, 인도네시아, 한국의 선량하고 근면한 국민들은 얼마나 큰 고통을 겪었을까.

혹자는 '헤지펀드가 차익거래를 통해 시장의 효율성을

증대시킨다'고도 하지만 허튼소리이다. 설령 그런 효과가 있다손 치더라도 미미한 수준에 불과하다.

거대 금융 기관이 고위험 투자로 막대한 손실을 입으면 공적자금 즉, 국민의 세금이 투입되지만 헤지펀드 구제에 세금을 쏟아붓는 일은 없지 않느냐는 구실도 든다. 롱텀캐피털매니지먼트의 파산이나 아시아 통화 위기를 망각한 어리석은 주장이다.

헤지펀드는 거액의 자금을 동원해 위험천만한 머니 게임을 벌이며 세계 경제를 심각한 위기에 빠트린다. 어떻게 보더라도 헤지펀드가 미치는 해악이 압도적으로 크다.

4 조세 피난처의 해악

헤지펀드가 마음껏 활개 칠 수 있는 장소를 제공한 조세 피난처의 죄 또한 크다.

오늘날 전문가들은 '런던이나 뉴욕 모두 조세 피난처'라고 평한다. 나 역시 강연회 등에서 그 점을 지적하면 청중들은 어리둥절한 표정을 짓는다. 대개 조세 피난처라고 하면, 야자수가 우거진 카리브 해의 섬을 떠올리기 때문이다.

'런던이나 뉴욕 모두 조세 피난처'라는 지적은 '조세 피난처와 역외 금융센터가 다르지 않다'는 사고방식을 전제로 한다. 야자수가 우거진 카리브 해의 섬나라를 떠올린다면 쉽게 이해되지 않을 수 있다. 하지만 세계 경제 위기에 끼치는 영향으로 보면 조세 피난처나 역외 금융센터나 다르지 않다.

거기에는 '머니 게임이라는 악행에 가담하는 행태를 보면 런던이나 뉴욕이 훨씬 질이 좋지 않다'는 의미가 담겨 있다.

유럽에는 스위스나 룩셈부르크 등 런던 이외에도 크고 작은 역외 금융센터가 있다. 물론, 유럽 이외의 지역에도 있다. 크건 작건 한통속인 것만은 확실하지만 일단 조세 피난처 전체를 다음의 세 가지로 구분해 생각해보자.

① 야자수가 우거진 지역의 조세 피난처

② 군소 역외 금융센터

③ 런던과 뉴욕

이번 장에서는 이들 조세 피난처가 세계 경제에 어떤 해악을 끼치는지에 대해 살펴보기로 한다.

야자수 우거진 카리브의 섬

먼저, 야자수가 우거진 카리브 해 섬나라들에 대해 검토해보자.

제1장에서도 말했듯이, 카리브 해의 여러 섬들은 부유층이 세금을 빼돌릴 장소를 제공한다는 의미에서 성실한 시민들의 세 부담을 가중시킨다. 최소한 협조하고 있다는 것만은 분명하다. 또 자금 세탁이나 테러 자금 은닉의 무대를 제공한다는 점에서 카리브 해의 섬은 흉악한 범죄를 방조하고 있다.

가장 심각한 문제는 이들 섬나라를 거치면 자금의 행방을 알 수 없게 된다는 점이다. 헤지펀드는 카리브 해의 조세 피난처를 이용해 자금 흐름의 전모를 교묘히 숨긴다. 카리브 해의 조세 피난처는 거액의 머니 게임의 일익을 담당함으로써 세계 경제를 위기에 빠트린다. 땀 흘려 일하는 성실한 사람들의 생활을 위협하는 행태에 가담하는 것이다.

그 과정에서 섬 주민들의 생활이 윤택해졌는가 하면 전혀 그렇지 않다. 섬 주민들은 그들이 사는 섬이 조세 피난처가 되지 않았다면 어업으로 근근이 생계를 꾸려나갔을 것이다. 어쩌다 섬이 악행의 무대가 되었지만 윤택한 생활은커녕 얼마 되지 않는 몫을 받아 평범한 수준의 생활을 하고 있을 뿐이다. 실제 카리브 해의 섬에 가보면 알 수 있다.

그렇다면 나쁜 것은 카리브 해의 섬나라를 이용하는 머니 게임의 선수들일까. 이런 식의 의문을 제기할 때면 전미 총기협회의 틀에 박힌 주장이 떠오른다. 미국 전역에서 총기 범죄가 성행하고 있다. 총기 규제를 요구하는 목소리가 높아질수록 전미 총기협회는 으레 '총이 나쁜 것이 아니다. 총은 아무런 해가 없다. 나쁜 것은 총을 사용해 범죄를 저지르는 인간이다'라고 소리 높여 주장한다.

이렇게 우매한 주장을 곧이듣는 미국인들은 많지 않다. 하지만 총기 소지는 미국 헌법이 보장하는 권리이다. 또 전미 총기협회의 막강한 로비 공세에 의회도 선뜻 규제에 나서지 못하는 것이다.

조세 피난처도 마찬가지이다. '조세 피난처가 나쁜 것이 아니라 조세 피난처를 이용해 나쁜 짓을 하는 인간이 나쁘다'는 식의 말도 안 되는 주장이 받아들여질 리 없다. 조세 피난처는 그 존재 자체가 악이다. 그것을 착각해서는 안 된다. 조세 피난처 퇴치는 중요한 과제이다.

군소 역외 금융센터

선진국의 역외 금융센터도 크게 다르지 않다. 오스트리아, 벨기에, 룩셈부르크, 스위스의 금융센터가 카리브 해에 있는 조세 피난처와 마찬가지라는 것은 길게 설명할 필요 없다. 자국 경제 기반에 깊이 파고들어 있기 때문에 문제가 더욱 심각하다.

제1장에서 이야기했듯이, 중국 정부의 강경한 반대로 홍콩과 마카오가 글로벌 포럼의 조세 피난처 블랙리스트에서 빠진 일도 있었다(단, 현재는 두 곳 모두 명단에 포함되었다).

런던=시티

런던이 역내·역외 일체형 금융센터이며 주변에 건지, 저지, 맨 섬이라는 여왕 직할령 조세 피난처를 두고 있을 뿐 아니라 구 식민지였던 케이맨, 바하마, 버뮤다, 영국령 버진 아일랜드 등 카리브 해의 여러 섬을 거느리며 동심원적인 중층 구조를 형성하고 있는 것은 제1장에서 설명한 바 있다. 시티는 이런 구조로 국제적인 금융 거래를 전개하며 금융 패권을 쥐게 된 중추적인 금융센터가 되었다.

영국은 독자적인 문화를 자랑한다. 메이페어의 클럽 등이 그 전형이다. 버킹엄 궁전과 가까운 팰맬Pall Mall 등지에 고풍스러운 클럽들이 모여 있다. 이곳에 모인 옥스퍼드·케임브리지 출신 영국 신사들이 대영제국 시대처럼 유유자적하며 서로 정보를 주고받는다. 미국 증권거래위원회SEC의 내부 정보 규제 등의 보도를 보면 그 클럽의 풍경이 머릿속에 떠오른다.

로이즈 오브 런던은 시티에 있는 보험 조합이다. 로이즈의 회원은 각자 고객에 대한 무한 책임을 졌다. 그러다 보니 간혹 무일푼이 된 유서 깊은 가문의 자산이 시장에 나오기도 한다. 명화나 전원의 대저택 등이다.

거품이 한창일 무렵, 일본의 금융 기관들은 앞 다퉈 런던 시티에 진출했다. 시티의 거리를 일본의 금융인들이 기세등등하게 활보했다. 이를 눈여겨 본 잉글랜드 은행은 오랜 전통을 자랑하는 머천트뱅크 인수를 제안했다. 명문 머천트뱅크를 인수하면 일본의 금융 기관으로서도 큰 자랑거리였기 때문에 기꺼이 인수하게 되었다. 모두 영일동맹이 체결되었을 때만큼이나 기뻐했다. 그런데 막상 사와서 뚜껑을 열어본 이들은 경악을 금치 못했다. 불량채권을 잔뜩 떠안은 부실 은행이었던 것이다. 인수한 금융 기관의 기둥이 흔들릴 정도의 거액의 자금이 필요했다.

한마디로, 속아서 산 것이었다. 하지만 그렇게 속아서 산 금융 기관은 지금도 무사히 영업하고 있다. 바닥이 보이지 않을 정도의 엄청난 손실을 흡수하고도 태연하게 영업을 하고 있는 것을 보면 솔직히 대단하다는 생각마저 든다. 남은 것은 속여서 판 상대의 교활함이다.

금융센터에서 취급하는 돈은 사람이 땀 흘려 모은 돈이다. 그런 돈을 굴려서 수익을 내는 사업 성격에서 비롯된 측면일까. 자본주의의 탐욕을 억누르지 않으면 가장 먼저 폭주하는 것도 바로 금융센터이다

시티의 권익은 영국의 국익에 직결된다. 영국 재무성의 점잖은 신사도 시티의 권익을 옹호하기 위해서라면 노골적인 언동도 마다하지 않는다. 국제 정치 세계에서는 국익, 권익을 지키기 위해서라면 무슨 짓이든 한다. 1998년의 금융 위기 당시, 일본의 금융 기관은 포식자와 같은 외국 거대 금융 기관들의 먹잇감이 되었다.

일본도 거기 맞서 포식자가 되라는 말이 아니다. 애초에 일본인의 국민성도 포식자와는 거리가 먼 데다 그런 선택을 해서도 안 된다. 다만, 그런 가혹한 현실에 대한 깊은 인식이 필요하다.

열차가 들어올 때는 승강장에서 한걸음 물러서야 한다. 이것은 일본이라는 국가에도 해당되는 경고이다.

뉴욕=월스트리트

뉴욕에는 역외 금융시장IBF이 있다. 제1장에서 설명한 역외 시장의 두 가지 유형 중 내외 분리형에 속하는 역외 금융센터이다. 또한 미국은 미국령 버진 아일랜드, 파나마, 마셜 제도, 리베리아 등의 구 식민지계 조세 피난처를 두고 있으며 지리적으로도 가까운 플로리다 근해에 케이맨, 바하마, 버뮤다, 영국령 버진 아일랜드 등이 있다. 미국의 금융센터 역시 영국과 같은 중층 구조를 형성하고 있다.

미국은 비거주자의 은행 예금이자에 대해 비과세한다. 은행은 비거주자의 예금이자에 대해 미 국세청에 보고할 의무가 없었다. 탈세를 방조하는 것이나 다름없는 커다란 루프홀이다. 게다가 거주자가 비거주자로 꾸미는 경우도 다수 있기 때문에 심각한 해악을 끼친다. 이대로는 스위스를 비롯한 다른 나라들의 은행 비밀보호법을 비난할 자격이 없다.

이 문제는 오랜 정보 개시 논쟁을 거쳐 2012년 마침내 재무성 규칙이 개정되면서 미 국세청에 대한 보고를 의무화하게 되었다. 해외금융계좌신고법FATCA 시행에 대응한 방침 전환이었다. 외국 금융 기관FFI 계좌에 대한 미 국세청 보고를 원칙으로 맺은 협약으로 2013년부터 시행되었다. 협약을 맺지 않으면 30%의 원천징수를 한다는 벌칙 조항 때문에 일본을 포함한 각국 금융 기관들은 크게 동요했다.

국내 세법(내국세입법전)의 루프홀이라는 관점에서도 문

제가 있다. 앞서 이야기했듯이, 미국은 일본의 확정결산주의와 달리 기업 회계와 세무 회계에 괴리가 있다. 그 점을 교묘히 이용한 대기업들이 막대한 이익을 올리고 주주들에게는 두둑한 배당을 하면서도 법인 소득세는 거의 내지 않는 일이 흔하게 일어난다. 법인 소득세를 제대로 냈다가는 주주총회에서 호된 질책이 쏟아질 정도이다. 절세 상품 등이 인기인 이유이다.

한편, 국내 조세 피난처 문제가 있다. 뉴욕 남서쪽 필라델피아를 지나면 델라웨어 주가 나온다. 델라웨어는 주법 규제가 느슨하다. 수많은 미국 대기업들의 설립 준거법 대부분이 델라웨어 주의 회사법이다. 또 전 세계 헤지펀드의 절반은 델라웨어 주법에 근거해 설립되었다.

미국의 금융 감독행정은 대체로 엄격한 편이다. 다만, 몇몇 조직과 각각의 관할이 세분화되어 있다. 은행 감독행정은 재무성 산하의 부국인 통화감독청OCC, 연방준비은행FRB 등이 맡는다. 주 단위로도 은행 감독기관이 있지만 능력은 높지 않다. 증권 감독행정은 유명한 증권거래위원회SEC가 담당한다. 파생상품은 상품선물거래위원회CFTC 관할이다. 보험행정은 주 정부의 소관이라 50개나

되는 감독 당국이 있다.

이처럼 수많은 규제 기관이 나름 효율적으로 규제・감독하고 있는 상황이다. 그럼에도 HSBC, 스탠다드차타드은행 등의 자금 세탁 사건이 잇따라 발생한다. 당국의 조사 능력이 있기 때문에 그런 사건이 세상에 드러나는 것도 사실이다. 마약 조직이나 테러 조직이 미국 국내에서 왕성하게 활동하고 있는 것이다.

9.11 테러 이후 미국은 정보 기관의 연대와 분립에 상당한 문제가 있다고 판단했다. 그로 인해 다수의 법 집행 기관이 통합되어 국토 안보부가 만들어졌다. 머지않아 금융 행정 당국도 통일될지 모른다.

월스트리트의 강력한 정치력도 고려해야 한다. 그들은 자금력을 동원해 연방정부, 연방의회에 정치적 영향력을 행사한다. 클린턴 정권의 루빈 재무장관은 골드만삭스 출신으로 퇴임 후에는 시티 그룹에 들어갔다.

월스트리트와 몇 블록 떨어지지 않은 세계무역센터 테러는 월스트리트를 지배하는 이들에게도 엄청난 충격을 안겼다. 오늘날 월스트리트는 금융규제 강화로 인한 이익 상실과 테러리즘의 위협을 저울질하며 위태로운 줄타기를 하고 있지만 전체적으로 규제가 강화된 것만은 분명하다. 규제 강화의 전형으로 평가 받는 볼커 법이나 기능 부전으로 논란이 된 바젤Ⅱ를 대신해 만들어진 바젤Ⅲ도 마찬가지이다.

제6장
조세 피난처 대책 모색

1 대책과 과제

소득 회피 수단

고액소득자나 대기업은 절세상품을 이용하는 식의 조세 회피 방법이 있다. 절세상품은 조세 피난처를 이용해 만들어진다. 야자수가 우거진 섬나라만이 아니다. 홍콩이나 싱가포르 혹은 룩셈부르크나 스위스를 이용하기도 한다. 미국의 파트너십이나 유럽의 신탁 등을 이용하는 경우도 많다.

신탁은 영국에서 탄생한, 십자군 시절까지 거슬러 올라가는 오랜 역사를 지닌 제도이다. 십자군 전쟁에 출정하는 봉건 제후가 왕국에 영지를 뺏길 것을 우려해 교회에 기증하는 방식을 택하면서 생겨났다. 왕실 법원은 이를 인정하지 않았지만 결국에는 형평법 재판소의 인정을 받았다.

이런 역사를 지닌 제도인 만큼 신탁과 세제는 상극이다. 과세 당국도 신탁 은행에 대한 세무조사에는 상당히 애를 먹는 듯하다.

다양한 사업체 문제

개인도, 법인이라고도 할 수 없는 어중간한 법률적 존재를 가리켜 '다양한 사업체'라고 한다. 파트너십이나 신탁이 여기에 해당한다. 그 밖에도 투자사업유한책임조합LPS, 유한책임조합LLP 등으로 불리는 다양한 사업체가 있다. 거품 경제의 후유증에 시달리는 일본 경제의 재생을 위해 일본에서도 이런 형태의 다양한 사업체를 적극적으로 도입함으로써 일본판 LPS법과 LLP법이 만들어졌다.

외국의 이런 사업체를 잘만 사용하면 절세상품의 부품이 된다. 이런 사업체를 통해 바다 건너 조세 피난처에 자금을 빼돌리면 더는 자금의 행방을 추적할 수 없다. 특히, 여러 나라를 거치며 그 나라에만 있는 특수한 구조를 이용하면 정말 기적적인 경우를 제외하고는 찾아내기 어렵다. 하물며 탈세 자금이나 범죄 수익 세탁과 같은 의도적인 은닉이라면 더더욱 찾기 어렵다.

정보 교환 문제

이렇게 되면 CFC 세제(조세 피난처 대책세제) 등은 이미 드러난 외국 자회사의 미배당 소득에만 적용할 수 있는 실효성 낮은 세제처럼 느껴진다.

'정보 교환의 중요성'을 아무리 강조해봤자 상대국 정부의 협력이 없으면 소용없다. 세무 현장에서 외국 정부의 정보 제공이 필요한 경우, 상대국 정부의 충분한 협력이 있어도 최소 수개월이 걸린다. '정보 교환이 유익한 수단이다'라고 하면 세무 일선에서는 쓴웃음을 지을 뿐이다. 정보 요청을 하고 3개월여를 기다린 끝에 '아무것도 없다'는 회답이 돌아오는 일이 비일비재하다.

물론, 정보교환제도가 아예 없는 것보다 나은 것이 사실이고 실제 성과를 거두기도 한다. 하지만 전 세계에 포진한 조세 피난처가 애초에 협력할 뜻이 없거나 협력하려고 해도 그럴 능력이 없으면 사실상 자금 은닉은 얼마든지 가능하다.

하물며 그 조세 피난처가 선진국 안에 있고 헤지펀드의 실력 있는 금융공학 전문가들이 온갖 지혜를 짜내 맞선다면 도저히 당해낼 수 없다.

정보 개시의 성공 · 실패

국제적인 압력을 행사해 정보 개시에 성공한 사례가 있는가 하면 같은 방법으로도 실패한 사례가 있다.

제1장에서 소개한 2009년 4월 2일 글로벌 포럼의 블랙리스트 발표는 오스트리아, 벨기에, 룩셈부르크, 스위스의 4개국의 정보 교환에 관한 태도를 크게 바꾸었다.

하지만 글로벌 포럼의 블랙리스트는 공과 과를 함께 가지고 있다. 야자수가 우거진 지역의 조세 피난처는 그나마 최악의 명단에 들어가는 것을 면하거나 실행할 능력도 의지도 없는 약속을 하고 오명을 뒤집어쓰는 것만을 피했을 뿐이다. 예컨대, 영국령 버진 아일랜드는 B1 그룹에 들어 있다(45쪽 참조).

그와 반대로 성과를 거둔 것은 UBS에 대한 미국의 강제적인 실력 행사였다. 한편, 앞으로 제2장에서도 소개한 바 있는 미국의 해외금융계좌신고법FATCA이 어떻게 기능할지도 눈여겨봐야 한다.

2 조세 피난처 퇴치

조세 피난처는 전 세계 성실한 일반 시민에게 커다란 경제적 피해를 입힌다. 그렇기 때문에 벌이나 제재를 가해 단속해야 한다. 논의할 여지도 없는 문제이다.

조세 피난처 단속은 제5장에서 설명한 조세 피난처의 세 가지 유형에 따라 각각 다른 처방전이 있다.

야자수가 우거진 지역의 조세 피난처 대책

조세 피난처의 근본적인 퇴치는 매우 어려운 문제이다. 기존 조세 피난처를 없앤다 해도 그 빈틈을 메우듯 자국의 경제 발전을 꾀하는 나라나 지역이 끊이지 않고 나타나기 때문이다. '바닷가의 모래가 없어질지언정 이 세상에 도적이 없어질리 있으랴(아즈치모모야마 시대의 전설적인 대도 이시카와 고에몬|石川五右衛門이 죽기 전 읊었다는 시가-역자 주)'는 대목이 떠오른다. 그렇다고 마냥 손 놓고 있을 수만은 없다. 도둑은 잡아도, 잡아도 계속 나온다. 그런다고 경찰이 도둑 잡는 것을 포기하지는 않는다.

야자수가 우거진 지역의 조세 피난처는 그 존재 자체가 해악이다. 자주적인 개선 노력을 할 것이라고는 생각하기 어렵다. 그런 상대는 국제 경제와 관계를 단절시키는 방법이 가장 효과적이다.

문제는 그런 조세 피난처를 몰래 이용하는 시티나 월스트리트 그 밖의 군소 금융센터이다. 그들 모두를 단속하는 것은 멕시코나 콜롬비아에서 미국으로 유입되는 마약을 단속하는 것만큼이나 어렵다.

하지만 그럴수록 선진국들이 일치단결해서 야자수 우거진 조세 피난처와의 거래를 끊는 데 협력해야 한다. 오늘날 국제사회는 정보 교환을 중시하고 있지만 정보 수집 능력도 없는 정부에 정보 제공 약속을 받아내는 것만으로는 아무 진전도 없다.

한편, 조세 피난처를 규제하면 그곳 주민들은 본래의 궁핍한 생활로 돌아가게 된다. 그렇기 때문에 규제와 동시에 주민의 생계를 꾸릴 수 있는 방안도 함께 생각해야 한다. 예컨대, 인도네시아 반도의 황금의 삼각지대나 서아시아 일대에서 양귀비 재배를 하는 것 이외에는 생계를 꾸릴 방법이 없는 농민들에게 이를 대신할 유용한 농산물 재배를 가르치는 시도와 비슷하다. 쉽지 않은 과제이다.

군소 금융센터 대책

한편, 야자수가 우거진 지역은 아니지만 리히텐슈타인이나 모나코와 같은 군소 역외 금융센터도 해악을 끼친다는 점은 마찬가지이다. 오스트리아, 벨기에, 룩셈부르크, 스위스와 같은 선진국의 군소 역외 금융센터는 국제사회의 공개적인 비판이 효과를 발휘한다는 것을 경험한 바 있다. 또 미 국세청이 UBS에 취한 강경책 등도 큰 효과가 있었다.

중국처럼 불쑥 등장하는 나라의 경우는 어떨까. 중국 정부도 불미스러운 일이 발각되는 경우에는 입을 다물었다. 마카오의 북한 비밀계좌 사건을 보면 예상할 수 있다. 늘 감시의 눈을 번득이며 부정한 일을 벌이는 즉시 국제사회에 알리는 방법이 가장 효과적일 수 있다.

런던, 뉴욕에 대한 대책

런던과 뉴욕의 거대 역외 금융센터야말로 가장 까다로운 상대이다.

미 연방 정부는 9.11 테러를 겪은 후로 테러 방지 대책에 상당한 노력을 기울였다. 리먼 쇼크 직후에는 워싱턴과 피츠버그에서 두 차례나 G20 정상회의를 개최했을 정도로 과잉 자금 억제에 적극적인 태도를 보였다. 볼커 법도 도입했다. 남은 것은, 실제 정부가 금융 기관이나 헤지펀드의 탐욕을 얼마나 억제할 수 있는가이다.

한편, 월스트리트에 비해 시티와의 대결은 상당한 어려움이 예상된다. 영국은 관민일체가 되어 자신들의 국익과 권익을 지키려고 할 것이다. 영국은 가능한 모든 수단을 동원해서라도 세계적 금융센터라는 현 지위를 지켜낼 것이다. 국가의 운명이 걸린 문제이기 때문이다.

그렇기 때문에 영국이 조세 피난처 대책을 강화한다거나 과잉 자금을 통제할 아이디어 혹은 시책을 내놓는다 해도 믿지 못하는 것이다. 다른 금융센터의 힘을 약화시킴으로써 시티의 상대적 지위를 한층 강화하려는 속셈일지도 모르기 때문이다. 영국과 협상 테이블에 마주 앉아본 경험이 있는 사람이라면 누구나 알 수 있다. 시티의 경우, 다음 제3절에서 소개할 자금 증대를 억제하는 정책 합의가 효과적이다.

국제적 압박

국제적인 조세 피난처 퇴치 노력이 필요하다. 가장 효과적인 방법은 국제사회가 뜻을 모아 압박을 강화하는 것이다.

지금까지 국제사회의 압박이 용두사미로 끝난 일에 대해 거듭 설명했다. 그렇다고 다 소용없으니 포기하자는 말이 아니다.

조세 피난처가 국제적인 비판에 민감한 것은 2009년 4월 글로벌 포럼의 블랙리스트 발표를 통해 알 수 있었다. 그렇다면 그 후 부족한 점을 면밀히 검토하고 고치면 된다.

가장 나쁜 것은 조세 피난처 퇴치에 적극 나서는 척하면서 뒤로는 자국의 권익을 우선하는 선진경제대국이다. 그 실태를 명백히 밝히는 것이 첫걸음이다.

3 헤지펀드 퇴치

인간의 탐욕

투기 자금은 더 큰 이익을 노리고 무질서하게 국경을 넘나들다 급기야 무고한 일반 시민에게까지 피해를 준다. 1990년대 이후의 잇따른 재앙은 하나같이 과잉 자금의 폭주가 도화선이 되었다. 이를 제압하지 않는 한 위기는 되풀이될 것이다.

이처럼 인간의 탐욕에 의해 움직이는 유해한 투기 자금을 정당화하는 사람들이 내세우는 것이 이른바 신자유주의 경제 이론이다. 신자유주의 아래 인간의 탐욕은 머니 게임을 통해 비약적인 수익률 증대를 꾀했다.

1990년대 이후 잇따른 금융 위기는 인간의 탐욕이 부른 재앙의 전형이다. 원인이 분명하고 대책도 있다. 원인과 대책이 분명한데 바로잡을 방법이 없다는 것은 핑계에 불과하다. 더는 미루지 말고 해야 할 일을 하면 된다. 특히, 신화 속 괴물 히드라처럼 끈질긴 헤지펀드가 움직이는 유해한 거대 자금에 대한 적절한 규제가 필요하다. 헤지펀

그림 6-1 히드라

헤지펀드는 그리스 신화 속의 괴물 히드라에 비유할 수 있다. 아무리 목을 베어도 살아남는, 끈질긴 존재이다. 소장 · 제공 : 국립서양미술관 한스 제발트 베함 〈히드라를 퇴치하는 헤라클래스〉

드 퇴치는 조세 피난처를 퇴치하는 것에 비하면 훨씬 쉽다. 국가 주권의 문제를 야기하지 않기 때문이다.

볼커 법과 AIFM

헤지펀드를 퇴치하는 가장 효과적인 방법은 병량兵糧공격이다. 아무리 실력 있는 헤지펀드라도 움직일 자금이 없으면 살아남기 힘들다.

그렇다면 헤지펀드에 자금을 제공하는 자는 누구일까. 처음에는 개인 부유층이었지만 이내 공적연금기금, 보험회사, 사립대학과 같은 기관투자가와 다국적 기업까지 가세했다. 큰 손실을 입고 파산 직전인 기업도 여럿 있다.

거대 금융 기관이 헤지펀드에 거액의 자금을 투자해 감독 행정의 눈을 피해 투기를 일삼는 일도 적지 않다. 미국에서 도드 프랭크 법의 핵심 조항으로 도입된 볼커 법Volcker Rule이 바로 그 증거이다.

볼커 법이란, 미국의 금융 기관이 위험한 투자를 하지 못하도록 하는 규제 법안이다. 미국 금융 당국이 이런 규제를 도입한 것은 국내 금융 기관들이 종종 헤지펀드에 자금을 공급하거나 아예 헤지펀드와 같은 행위를 했기 때문이다.

볼커 법의 내용을 요약하면 다음과 같다.

① 헤지펀드나 사모펀드에 대한 투자 금지
② 자기 자본의 증권 매매 및 파생상품 거래 금지

폴 볼커는 앨런 그린스펀 직전에 연방준비은행FRB을

이끌었던 의장이다. 그린스펀이 신처럼 추앙받던 시절에는 그 그늘에 가려 잊혔지만 퇴임 후 그린스펀에 대한 비판 여론이 높아지자 다시금 주목받게 되었다.

볼커 법의 ①과 같이 거대 금융 기관과 그 밖의 자금 공급자가 헤지펀드에 자금을 제공하는 것을 막을 수 있으면 거듭되는 세계 금융 위기를 피할 수 있고 조세 피난처 문제 해결에도 한 걸음 다가갈 수 있을 것이다.

유럽에도 AIFM이라는 지침이 있다. 헤지펀드나 사모펀드 등의 대체투자 펀드를 규제하는 것이다. 2011년에 발의되었으며 2012년 12월 규제 시행을 위한 법규도 마련되었다.

한편, 병량 공격에는 거시 건전성 규제가 중요한 역할을 할 것이다. 거시 건전성 규제란, 국제적인 틀에서 협력하며 금융 기관의 행위를 규제하는 것이다. 금융 기관이 지나치게 위험한 투자로 도산하는 사태를 막는 것이 가장 큰 목적이다. 그 목적 달성을 위해서는 금융안정위원회FSB의 역할이 가장 중요하다.

전술 규제

헤지펀드의 3대 전술 무기는 다음과 같다.

① 레버리지

② 공매도

③ 파생상품

이런 전술을 규제하면 효과가 있을 것이다.

꼭 헤지펀드에 관련된 것은 아니지만 예를 들어, 최근 일본에서는 FX 거래에 대한 레버리지 규제를 강화했다.

공매도 규제는 레버리지 규제의 한 가지 형태라고도 볼 수 있다. 일본에서는 금융상품거래법 개정으로 다수의 증권회사들이 잇따라 금융청의 행정 처분을 받았다. 스페인이나 이탈리아는 유로 위기 당시 거의 전면적인 공매도 규제를 시행한 사례가 있다. 독일도 공매도 규제를 도입했다. 일본 금융청은 미국의 레귤레이션 M 등을 참고한 공매도 규제 법안을 구상하고 있다. 국제증권관리위원회기구IOSCO에서도 공매도 규제를 검토하고 있다.

파생상품 규제에 관해서는 먼저, 장외거래OTC라는 게

념을 알아야 한다. 장외거래란, 거래소 이외의 장소에서 매수자와 매도자간에 이루어지는 직접 거래를 말한다. 주로 금융 기관의 창구에서 매매가 이루어지기 때문에 점두거래라고도 한다.

유럽연합, 미국, 일본 등의 주요 시장에서 제도 정비가 이루어지고 있다. 일본에서는 2011년 12월 금융청 검토회가 발족했다. 미국은, 2010년 만들어진 도드 프랭크 법에 장외파생상품 규제도 포함되어 있다. 상품선물거래위원회CFTC가 규제 감독을 담당한다.

이처럼 다수의 주권국들이 규제 방안을 마련함과 동시에 국제적인 협력의 틀을 구축해야 한다. 금융안정위원회FSB를 주축으로 협력을 강화해나가야 한다.

규제 기관도 은행 · 증권 · 보험의 세 가지 분야를 하나의 기관에서 관리 감독하는 편이 낫다는 의견이 있다. 영국의 금융감독청FSA, 일본의 금융청, 독일의 금융감독청 등이 그런 예이다.

사실상 미국은 그런 의견의 정반대편에 있다. 미국의 경우, 증권거래위원회SEC의 힘이 워낙 막강하기 때문에 각각의 감독관청을 통합하는 것은 거의 불가능하다. 또 연방제이기 때문에 보험처럼 주 정부에서 감독하는 분야를 통합하기는 쉽지 않다. 국토 안보부의 통합 사례를 참고해야 할 것이다.

4 거시 건전성 규제

금융안정위원회

금융안정위원회FSB는 금융안정화포럼FSF을 확대 · 개편한 국제기구이다. 2009년 런던 G20 정상회의에서 결의했다. 국제통화기금IMF, 세계은행, 국제결제은행BIS 등의 국제기구와 바젤은행감독위원회, 국제증권관리위원회기구IOSCO, 국제보험감독자협의회IAIS 등의 국제금융감독기구 그리고 국제회계기준위원회IASB도 회원으로 참여했다. FSB는 거시 건전성 규제의 중요한 기틀을 마련했다.

FSB 의장은 캐나다 중앙은행의 마크 카니 총재가 맡았다. 캐나다인인 그는 잉글랜드 은행 총재를 맡기도 했다.

FSB는 시스템적으로 중요한 금융사SIFI라는 개념을 도입했다. 시스템적으로 중요한 글로벌 보험회사G-SII 등이다. 장외파생상품시장 개혁이나 그림자 은행Shadow Bank 그리고 LEI도 금융안정위원회의 과제이다.

금융 기관 규제 1——은행

거대 금융 기관이 비밀리에 헤지펀드에 자금을 투자하고 있다. 심지어 스스로 헤지펀드와 같은 위험한 투기를 일삼기도 한다. 거대 금융 기관이 큰 손실을 입게 되면 그 피해는 엄청날 것이다. 그렇기 때문에 거대 금융 기관이 위험한 투자를 하지 못하도록 규제할 필요가 있다. 무엇보다 '대마불사'를 방지하는 것이 중요하다.

금융 기관의 위험한 투자를 막는 전형적인 방법 중 하나가 바젤 규제로 알려진 은행 자기자본규제이다. 바젤 자기자본규제는 금융 시스템의 사회 기반 시설로서 점하는 중요성을 고려하여 은행의 파산 위험을 낮추기 위해 일정 비율 이상의 자기자본 보유를 의무화한 제도이다. 흔히 '국제결제은행BIS 규제'라고도 불리지만 이것은 잘못된 표현이다. 바젤은행감독위원회는 국제결제은행에 사무국을 두고 있지만 국제결제은행 소속은 아니다.

명칭이 어떻든 1988년에 합의된 규제가 바젤 I 이다. 바젤 I 으로 은행은 8% 이상의 자기자본비율을 유지해야 하는 대원칙이 세워졌다. 시장 위험에 대해서도 시장위험관리VaR와 같은 당시로서는 선진적인 측정 방법을 도입했다. 그런데 바젤 I 이 지나치게 획일적이라는 비판이 제기되면서 앞서 등장한 빌 맥도너 뉴욕연방은행 총재 시절인 2004년 신용 위험에 중점을 둔 바젤Ⅱ가 체결되었다.

다만, 바젤Ⅱ는 실패했다는 평가도 있다. 리먼 쇼크 당시 제대로 기능하지 못했다는 것이 한 가지 이유였다.

현재는 바젤Ⅲ 체제이다. 시장위험관리가 제대로 기능하지 못한 일을 계기로 기대 부족액Expected Shortfall이라는 새로운 측정 방식을 도입했다. 바젤Ⅲ는 2013년부터 단계적으로 시행되었다. 2009년 G20 정상회의에서 조속한 실시를 촉구했기 때문이다.

바젤 자기자본규제는 사실상 레버리지 규제이다. 자기자본규제가 있으면 자기자본의 일정 배율 이상으로는 돈을 빌릴 수 없다. 대차대조표상의 대출 규모도 제한된다. 대마불사도 방지할 수 있는 것이다.

사실 바젤 합의 자체는 강제력이 없다. 국제 거래 은행들의 자발적 이행을 전제로 한다. 이행 약속을 지키지 않으면 국제 거래에서 배척될 수 있다. 좋든 싫든 지켜야 하는 것이다. 국제 규제는 이런 식으로밖에 전개될 수 없는 것일까 아니면 이렇게라도 기능하는 것에 만족해야 하는 것일까. 바젤Ⅲ에는 자기자본규제와 함께 유동성 규제도 도입되었다.

금융 기관 규제 2——증권

증권 거래를 규제 · 감독하는 기구로 국제증권관리위원회기구IOSCO가 있다. 스페인 마드리드에 본부를 두고 있으며 IOSCO 준칙을 비롯한 몇 가지 원칙과 기준을 제정했다.

국제회계기준IFRS에 세상의 이목이 집중된 것은 2000년에 IOSCO가 지지를 표명했기 때문이다. 당시만 해도 IFRS는 민간기구에 불과했다.

금융안정위원회와 관련해서는 그림자 은행과 장외파생상품 규제 및 LEI를 담당하고 있다. 그림자 은행이란, 사실상 일반 은행과 같은 기능을 하지만 은행과 같은 엄격한 규제를 받지 않는 금융 기관을 가리킨다. LEI는 법인 식별 기호를 뜻한다.

증권 업무에 관해서는 은행업과 증권업 분리 문제가 있다. 미국은 오랜 역사를 지닌 글라스 스티걸 법으로 은행과 증권의 업무를 엄격하게 분리했다. 대공황 직후 당시의 경험을 바탕으로 제정된 법이다. 일본도 이 법을 본뜬 증권거래법 65조를 도입했다.

은증 분리 규제는 일본과 미국 모두 국제화와 규제 완화의 물결을 타고 점차 느슨해지다 금융 기관의 종합화로 이행했다. 미국에서는 시티 은행과 JP모건체이스가 그런 구상을 반영한 종합 금융 기관으로 탄생했다. 동시에 금융 감독행정을 시행하는 규제 관청의 통합이 진행되었다. 감독행정의 종합화는 영국의 금융감독청, 일본의 금융청, 독일의 금융감독청이 그 전형적인 예이다.

일본에서도 미국을 본뜬 금융 기관의 종합화가 이루어졌지만 일본과 미국 모두 큰 성공을 거두지 못했다. 시티 그룹은 일찌감치 보험을 분리했다. 유럽과 같은 유니버설 뱅킹의 전통이 없어서일까, 볼커 법 도입은 은증 분리에 대한 반동이었다.

은행과 증권 업무를 한 금융 기관에서 맡는 것은 본질적인 모순이 있다. 예컨대, 은행은 대출을 해준 기업의 경영 상태가 악화되자 채권을 회수하려고 한다. 그때 자신의 증권 부문에서 그 기업의 증권을 발행해 판매한다. 그리고 증권 발행(주식·사채)으로 얻은 자금으로 대출금을 상환 받는다. 금융 기관은 증권 발행으로 자신의 손실을 일반 투자가에게 떠넘긴 셈이다.

이런 행위를 막는 방법은 금융 기관 내에 업무 장벽을 세우는 것이다. 다만, 금융 기관에는 동시에 위험을 집중 관리할 수 있는 위험 관리 센터가 필요하다. 위험 관리 센터는 업무 장벽을 초월한 전체적인 위험 상황을 파악해야 한다. 본질적인 모순이란 바로 이런 상황을 말하는 것이다.

금융 기관 규제 3——보험

보험 분야에도 자기자본 규제의 일종인 지급여력Solvency Margin제도가 있지만 보험의 가장 큰 문제는 '재보험' 구조이다. 재보험이란, 보험회사가 위험을 부담할 수 없다고 판단한 경우 다른 보험사에 재보험을 들어 위험 분산을 꾀하는 것이다. '출재出再 보험'이라고도 한다. 재보험에 특화된 회사도 있는데 세계적으로는 뮌헨이나 스위스 재보험 등이 유명하다.

문제는 보험을 출재하는 과정에서 어떤 위험이, 어떤 경로로, 어디에 전가되는지 알 수 없게 된다는 점이다.

그렇기 때문에 복수의 자연재해가 동시에 일어나는 경우 보험 · 재보험 네트워크가 일거에 마비될 가능성이 있다는 설이 있다. 대규모 보험 가입으로 복수의 재해 발생이 우려되는 경우로는 ①캘리포니아 주 산안드레아스 단층 지진 ②미국 대륙을 통과하는 거대 허리케인 ③미국 중부의 화산 분화(옐로스톤 등) ④일본 태평양의 거대 지진 ⑤영국을 포함해 유럽을 통과하는 강풍 등이 해당된다. 실제 ①~⑤와 같은 사태가 복수로 일어나지 않는 한 결과를 예상할 수 없다. 재보험의 일대 위기설조차 신짜인지 알 수 없다.

또 금융안정위원회와 관련해서는 시스템적으로 중요한 글로벌 보험회사G-SII에 대한 논의가 진행 중이다. 감독 및 규제를 담당하는 국제기구는 국제보험감독자협의회IAIS

이다. 바젤의 국제결제은행BIS 건물에 본부를 두고 있다.

5 새로운 세금제도

국제화 시대에도 세제는 국가 주권의 발동 형태로서 가장 중요하게 여겨진다. 입헌민주주의의 발상이 세제와 관련이 깊다는 역사적 사실에도 무게가 실린다.

유럽연합에서는 부가가치세와 같은 기간세조차 제도의 통합이 어려운 상태이다. 법인세 과세 기준을 통합하기 위한 통합법인세 부가기준CCCTB 안은 아직까지 정체 중이다. 이것이 과연 유로존 안에서 일어나고 있는 일이 맞는지 의심스럽기까지 하다.

국제 경제, 글로벌 경제가 급속도로 발전하는 시대에 세제만 뒤처져서는 안 된다. 여기서는 현재 구상 중이거나 일부 도입된 새로운 세금제도를 소개한다.

토빈세

1972년 노벨 경제학상 수상자 제임스 토빈이 제안한 개념이다. 토빈세는 국경을 초월한 통화 거래에 부가하는 세금으로, 투기 자금의 과도한 국경 간 이동을 규제하는 제도이다.

1971년의 닉슨 쇼크(금본위제 폐지)를 계기로 세계는 변동 환율제 시대를 맞았다. 토빈은 그 직후인 1972년에 이미 국경 간 금융 거래에 세금을 부과하고 투기 자금 이동을 규제해야 한다고 주장했다. 시대를 앞서가는 놀라운 혜안이었다.

하지만 그 후 꽤 오랫동안 토빈세 구상은 사람들의 관심을 받지 못했다. 이유는 분명했다. 경제학자들 사이에서는 '변동 환율제는 고정 환율제로 해결하지 못한 경제적 불균형을 조정하는 기능이 있다'는 생각이 지배적이었기 때문이다.

국제 경제학은 두 가지 영역으로 나뉜다. 무역론과 국제 금융론이다. 무역론은 화폐를 배제한 재화 · 서비스 무역이라는 경제 현상을 분석하는 학문 영역이다. 한편, 국제 금융론은 화폐를 중심으로 국제 경제를 분석하는 분야였다.

세계적으로 변동 환율제가 정착한 후 대략 10년간 국제 금융론은 변동 환율제를 충분히 설명할 만한 이론을 구축하지 못했다. 이론이 현실의 속도를 따라가지 못해 현실을 온전히 분석하지 못한 것이다. 마침내 이론 구축에 성공했을 때 이 영역은 변동 환율제를 전제로 화폐적 요인을 고려한 국제 거시경제학이라는 형태의 이론으로 재탄생했다. 이 학문 영역은 오늘날 '개방 거시경제학'으로 불린다.

개방 거시경제학의 이론적 도달점이 먼델-플레밍 이론이다. 이 이론은 변동 환율제 하에서 재정 정책과 금융 정책이 경제에 미치는 영향에 대한 이론적 틀을 정립했다. 고정 환율제 하의 재정 정책과 금융 정책이 경제에 미치는 영향과는 전혀 다른 결론이 도출되었다.

변동 환율제 자체는 '고정 환율제에 없는 효율성이 있다'는 긍정적인 평가를 받기도 했다. 사실상 고정 환율제를 유지할 수 있는 능력이 없었기 때문에 변동 환율제가 아닌 이론 모델을 구상하는 것이 시간낭비라는 암묵적인 동의가 있었는지도 모른다.

하지만 국경을 초월해 무서운 기세로 밀려드는 자금의

폭주를 보면 변동 환율제의 조정 기능이 한계에 도달했다는 생각마저 든다. 이 사태를 그저 학문적으로 관찰하고 분석하는 것만이 최선일까.

먼델의 최적통화권 이론은 단일 통화를 전제로 단일 통화가 포함할 수 있는 경제 범위가 어느 정도인지를 이끌어내는 이론이다. 그리고 실제 현실에서도 변동 환율제가 무역장벽이 되지 않도록 단일 통화권을 실현한 것이 유럽연합이다. 유럽연합은 긴밀하게 어깨를 기대고 있는 선진국들의 집합체이다. 유럽은 오랜 노력 끝에 유로존을 구축했다. 하지만 유로 위기로 그들의 도전은 위기를 맞았다.

토빈세 구상이 다시 주목받게 된 계기는 1994년의 멕시코 통화 위기였다. 변동 환율제의 병폐가 단적으로 드러난 그 무렵 긴 잠에서 깨어나 세상의 이목을 집중시켰다. 자금 폭주에 제동을 걸 한 가지 방안으로서 충분히 시도해 볼 가치가 있다.

국제 연대세

국제 연대세는 토빈세와 달리 세수를 어디에 쓸지에 중점을 둔 구상이다. UN 밀레니엄 정상회의에서 등장한 개념으로 2002년 멕시코 몬테레이에서 열린 UN 개발금융국제회의에서 구체적인 도입 검토가 이루어졌다.

국제 연대세의 용도에 대해서는 다양한 제안이 나왔으며 이미 설립된 기금 등도 있다. 국제 연대세가 부과된 실례로는 현재 프랑스, 한국 등의 몇몇 나라가 도입하고 있는 항공권 연대세가 있다.

토빈세도 국제 연대세 후보로 거론되기도 하지만 토빈세와는 도입 목적이 명백히 다르기 때문에 '외환거래세CT-DL'라는 명칭으로 부르자는 제안이 있었다.

유럽연합의 금융 거래세 구상

유럽연합에서는 금융 거래세 도입이 진행 중이다.

금융 거래세는 금융 위기를 일으킨 금융 기관 구제를 위해 거액의 공적자금이 투입되는 것에 주목해 금융 기관의 사회 공헌을 요구하는 목적이다. 용도는 특정하지 않는다. 금융 기관 간의 주식, 채권, 파생상품 등 폭넓은 금융 상품 거래에 과세한다.

다만, 외환 거래에는 적용되지 않기 때문에 국경 간 자금 이동을 규제하는 토빈세 방식과는 차이가 있다. 본래 유럽연합 내에서는 국경을 넘나들 때 세금을 내지 않는다. 2011년 9월 초안이 발표되었으며, 세율은 1%(파생상품 거래는 0.1%), 세수는 550억 유로로 추정된다. 유럽연합 전체에서 도입하려면 27개 가맹국 모두의 찬성이 필요한데 영국이 강하게 반대하고 있다.

유럽연합 내에서는 '강화된 협력절차'라는 일부 가맹국만으로 도입할 수 있는 제도가 있다. 이 제도를 이용해 가맹국 중 3분의 1인 9개국만으로 도입 절차가 이루어졌다. 독일, 프랑스가 주도하고 이탈리아, 스페인, 벨기에 등이 지지한 이 구상은 2013년 기준 10개국 내지는 11개 국가가 참여를 희망했다고 한다.

그중 프랑스는 유럽연합의 더딘 움직임에 지쳐 2012년 8월 다른 나라보다 먼저 단독으로 금융 거래세를 도입했다. 과세 대상은 상장주식, 일부 파생상품 거래로 구매자에게 0.2%의 세율로 과세한다. 5억 유로의 세수가 전망된다.

G20은 국제통화기금에 금융 거래세 등의 구상에 대한 보고서를 요청한 일이 있다. 2010년 IMF는 다양한 구실을 들어가며 금융 거래세에 대한 부정적인 의견을 표명한 보고서를 제출했다.

시민권 과세

일본에서 국외재산조서제도가 도입된 것은 앞서 이야기했다. 미국의 해외금융계좌신고법FATCA을 본뜬 제도였다.

본래 미국의 개인소득세제는 일본의 거주자 과세 시스템과 크게 다른 시민권 과세를 채택하고 있다. 시민권 과세란, 미국 국적을 가진 사람은 거주지가 국내든 국외든 상관없이 전 세계 소득에 대해 세금을 부과하는 제도이다.

일본을 포함한 다른 선진국들은 거주자 과세를 원칙으로 삼고 있다. 일본의 경우, 일본 국적을 가진 사람이라도 비거주자라면 소득세를 내지 않아도 된다. 해리포터 사건이 바로 그런 사례이다. 또한 종신 여행자Permanent Traveler 문제도 있다. 세금을 내지 않기 위해 여러 나라를 전전하며 주거지를 바꾸는 사람들이다.

세계화가 진행되면서 세금을 둘러싼 상황도 크게 변화하고 있다. 일본의 개인 소득세제를 재정비하려면 시민권 과세를 필수적으로 검토해보면 좋다.

출국세

출국세라는 세제를 도입한 선진국들이 늘고 있다. 출국세라고 하면 공항세를 떠올리기 쉽지만 공항세와 성격이 다르다. 출국세란, 비거주자나 국적이탈자의 조세 회피를 방지하기 위한 세금이다. 국제결혼 증가와 함께 국적 이탈이 늘고 있다. 출국세는 출국 시 미실현 이익에 과세한다.

미국에서는 시민권 과세 방식을 채택하고 있지만 원元시민권에 대한 특별 과세 방식도 있다. 또 국적 이탈자에 대한 '간주 양도소득과세'도 도입했다. 국제회의에 보고된 바로는 캐나다, 오스트레일리아가 일반적인 출국세를 도입했으며 독일도 제한적 출국세 도입을 시행했다. 일본은 출국세에 해당하는 세부 규정을 명시한 세제 외에도 오분샤 홀딩스 사건 이후 미실현 이익을 국외로 빼돌리는 행위를 방지하는 입법 정책을 시행하고 있다.

새로운 조세제도 설계

일본의 세제에는 기간세로서의 소비세와 소득세 선택 문제가 있다.

가치판단에 있어서는 소득과세가 가장 바람직한 세제로서 다수의 지지를 받을 것이다. 공공경제학 분야에서는 한때 소득세 단일세론을 가장 뛰어난 재정 이론으로 주장했다.

하지만 소득과세의 누진세를 강화해 소득 분배의 공평·공정성을 달성하려고만 하면 소득은 바다 건너 과세 당국의 영향력이 미치지 못하는 곳으로 달아나버린다. 그렇게 달아난 세금이 향하는 곳은 지금까지 이 책을 통해 살펴본 그대로이다. 이처럼 본말이 전도된 상황에서는 필연적으로 소비세가 기간세가 된다.

원리원칙에 따라 소득세가 기간세로 정착하려면 시민권 과세를 도입할 수밖에 없다. 부시의 감세 정책으로 인한 부유층의 부담 경감이 제2기 오바마 정권에서 문제가 되고 있지만 부유층에 대한 과세가 가능한 것은 시민권 과세의 역할이 크다.

주의해야 할 것은, 출국 이외에도 소득의 원천을 국외

로 옮기는 방법은 얼마든지 있다는 점이다. 조세 피난처가 존재하기 때문이다. 글로벌 경제 시대에는 새로운 조세 이론이 필요하다. 국제적인 관점으로 세제를 설계해야 할 시대에 들어선 것이다. 그 점을 고려하지 않은 조세 정책 이론은 빈껍데기에 불과하다.

국제협력 조사

국제탈세정보교환센터JITSIC라는 국제기구가 있다. 2004년 워싱턴의 미 국세청에 설치된 이후 영국 국세청HMRC에 런던 사무소를 설립했다. 다만, 런던이 JITSIC의 두 번째 사무소를 개설한 것은 아무래도 수상하다.

2011년판 일본 국세청 보고서에 따르면 'JITSIC는 국제적 조세 회피 규명을 목적으로 일본 · 미국 · 캐나다 · 오스트레일리아 · 영국 · 한국 · 중국이 참가하는 국제협력기구로서 국제적인 조세 회피 구조와 각 회원국들의 대응 방식 등의 정보를 공유한다'고 설명하고 있다. 일본 국세청에서도 JITSIC의 워싱턴 및 런던 사무소에 인력을 파견하고 있다.

국제기구를 통한 조사와 정보 공유를 발판으로 조세 피

난처와 역외 금융센터를 끊임없이 압박할 필요가 있다.

동시에 세무행정집행 공조조약의 확대와 활용도 중요하다.

종장
세금은 누구를 위한 것인가

세금은 문명의 대가이다.

미합중국 최고재판소 판사 올리버 웬델 홈즈 Jr.

지금까지 조세 피난처는 단순히 세금이 없거나 세율이 낮은 국가 · 지역으로 정의하며 조세 회피 수단이라는 측면에서만 바라보았다. 애초에 '조세 피난처'라는 이름도 조세 회피 방지라는 발상에서 온 것이다.

하지만 조세 피난처와 역외 금융센터가 세계 경제사회에 끼치는 해악을 분석하는 과정에서 조세 피난처 문제는 단순히 낮은 세율의 문제에 그치지 않는다는 것을 알게 되었다. 조세 피난처의 진짜 문제는 철저한 비밀성과 정보 비공개였음이 드러났기 때문이다.

2009년 글로벌 포럼이 만든 조세 피난처 블랙리스트 주1에 명시되어 있듯이 지금은 여러 나라 간에 공통적으로 이해하는 부분이다. 이런 이해를 공유하기까지 리먼 쇼크라는 통렬한 경험이 있었다.

세계 경제는 1990년대 이래 오늘에 이르기까지 연속적인 금융 · 통화 위기를 맞았다. 대부분 조세 피난처를 무대로 비생산적인 머니 게임에 광분한 헤지펀드와 그 밖의 투기 자금이 초래한 위기였다. 그 심연을 거슬러 올라가면 신자유주의 아래에서 규칙으로부터 해방된 인간의 탐욕이 있다.

자유주의시장경제라고 해도 정해진 링 위에서 정해진 규칙을 바탕으로 운영되어야 한다. 특히, 금융은 경제의 혈액이다. 어떤 생산적인 요소도 없는 머니 게임으로 금융 시스템이 치명적인 타격을 입는 일은 막아야 한다. 금융 시스템이 파괴되면 회복하기까지 많은 시간과 비용이 든다. 애초에 회복이 가능하단 보장도 없다.

자금은 간단히 국경을 초월하고 거기에는 조세 피난처가 입을 벌리고 기다린다. 사전 규제의 실효성을 사실상 기대할 수 없다. 오늘날과 같은 글로벌 경제 시대에는 국가 단위의 사전 규제가 거의 불가능하기 때문에 금융안정위원회FSB와 같은 국제협력에 기댈 수밖에 없는 것이다.

조세 피난처는 부유층이나 대기업의 과세 회피 수단이자 범죄 수익이나 테러 자금 은닉 혹은 이송에 이용될 뿐 아니라 거액의 투기 자금이 폭주하는 광란의 무대이다.

그 결과, 선량하고 성실한 일반 납세자들은 불필요한 세 부담을 강요받고 범죄나 테러의 피해자가 되어 끝내는 머니 게임이 초래한 손실과 파산에 따른 막대한 부담까지 지게 된다.

'세금이 문명의 대가'라면 세금을 내는 사람은 그 대가인 '문명'을 누릴 수 있어야 한다. 하지만 조세 피난처는 그런 '문명'의 향유를 방해하고 더 나아가 '문명'에 재앙을 가져온다.

이 책에서는 조세 피난처가 불러올 '문명'에 대한 재앙의 원인과 과정을 자세히 살펴보았다. 원인을 알면 분명 해결책을 찾을 수 있다. 이제 남은 것은 세금의 대가로서 '문명'을 향유할 권리가 있는 일반 납세자가 문제를 확실히 이해하고 주목하는 것이다. 이 책을 펴내는 목적은 오직 그것뿐이다.

후기

콜롬비아의 내전이 한창일 무렵, 카르타헤나에서 국제회의가 열렸다. 그 회의에 참석했을 때였다. 점심시간에 회장 로비에서 담소를 나누는데 돌연 대통령 비서관이 나타났다. '일본 대표단장이 누구시죠?' 나는 바로 '접니다'라고 대답했다. 그는 '대통령께서 뵙자고 하십니다. 함께 가시죠'라며 다짜고짜 나를 뒷문으로 데려갔다. 문밖에는 완전무장한 특수부대원들이 대기하고 있었다.

납치하듯 나를 데려간 곳은 근처 항구에 정박한 어뢰정이었다. 배에 오르자 요란한 엔진 소리와 함께 에메랄드 그린 빛 카리브 해를 질주하기 시작했다. 1시간 남짓한 항해를 마치고 항구에 내렸다. 카리브 해의 상쾌한 바람이 불어왔다. 그곳은 부겐빌레아가 흐드러지게 피어 있고 이구아나가 어슬렁거리는 카리브의 작은 섬이었다.

그 섬은 대통령의 은신처였다. 응접실에 들어서자 대통령이 소파에 몸을 기대고 앉아 있었다. 비서관 말로는 복부에 맞은 총탄이 위험한 위치에 있어 수술도 할 수 없는 상태라고 했다. 대통령은 수일 전 반정부 게릴라들의 총격을 받았다. 목숨이 위태로울 정도의 중상을 입었다는 소문이 진짜였던 것이다.

애초 계획은 대통령이 일본 대표단을 만나 훈장을 수여하는 행사였던 것 같다. 하지만 대통령은 내가 왜 자기 앞에 있는지조차 모르는 눈치였다. 대통령은 마취약 때문인지 누가 봐도 의식이 분명치 않은 상태였다. 눈의 초점도 흐릿한 상태로 멍하니 나를 바라보고만 있었다.

나 역시 영문을 모르는 상태였다. 결국, 비서관을 통해 훈장 비슷한 물건을 받긴 했지만 그게 무슨 훈장이고 왜 받은 것인지도 알 수 없었다. 돌아가는 배 안에서 비서관은 시종일관 아무 설명도 해주지 않았다. 벌써 15년도 더 지난 일이지만 지금도 그 내막을 듣지 못한 채 훈장만 금융청 어딘가에 잠들어 있다. 조세 피난처나 자금 세탁과 같은 국제 금융의 이면에 가까이 다가간 사람은 때때로 그런 이상한 일을 겪기도 한다.

내게 이 책의 집필을 권한 것은 변호사이자 아오야마가쿠인青山学院대학 교수 미키 요시카즈三木義一 씨이다. '정확한 지식과 풍부한 체험을 바탕으로 조세 피난처의 실상을 이야기해줄 사람은 전 세계에서 당신뿐이다. 자금에 영혼을 빼앗긴 자들과 맞서 싸우려면 시민들에게 사실을 알리는 일부터 시작해야 한다.' 미키 씨에게 그런 말을 듣기까지 나는 아무런 자각이 없었다. 나로서는 일반 독자 대상의 책을 쓰는 것이 처음이었지만 미키 씨의 그 한마디에 책을 쓰기로 마음먹었다.

미키 씨는 과거 정부세제조사회에서 함께 일한 동료로서 이 책의 기획과 집필에 많은 조언을 해주었다.

이와나미서점의 편집자 나가누마 고이치永沼浩一 씨에게는 집필부터 교정에 이르기까지 많은 도움을 받았다. 지식과 경험을 지닌 것과 그것을 글로 풀어내는 것은 전혀 별개의 일이었다. 스나이퍼와 스포터의 조합이 이 책을 완성까지 이끌어주었다.

그런 의미에서 이 책은 미키·나가누마·시가의 공저라고 할 수 있다. 따라서 공저자 두 분에 대한 감사 인사는 생략하기로 한다.

2013년 3월

시가 사쿠라

역자 후기

조세 피난처를 이용한 탈세, 자금 세탁, 은닉 등에 관한 뉴스를 종종 듣는다. 물론, 대개는 나와 상관없는 딴 세상 이야기처럼 흘려듣는 경우가 많다. 천문학적인 액수의 은닉 자금이나 탈세 의혹 따위로 상대적 박탈감을 느낄지언정 당장 내게 무슨 피해를 주는 건 아니라는 생각 때문이었을까.

오늘날 조세 피난처를 찾는 것은 단순히 세금을 줄여보려는 일부 부유층이나 대기업들만이 아니다. 거대 금융기관들까지 가세해 불법적인 조세 회피, 자금 세탁은 물론 헤지펀드 등을 통한 위험천만한 머니 게임을 벌이는 지경에 이르렀다. 그 결과, 잇따른 금융 위기가 터지고 그 고통은 선량한 시민들에게 돌아온다. 심지어 범죄 조직, 테러 집단 등의 자금 세탁에 이용되며 세계 곳곳에서 일어나는 무차별적인 테러의 자금원으로까지 지목될 정도이다.

그런 실상을 알고 보니 더는 남의 일처럼 느껴지지 않는다. 언제 내가 혹은 나와 가까운 사람들이 피해를 입을지 모른다. 부실기업이나 도산 위기의 금융 기관에 들어가는 공적자금은 고스란히 일반 시민들의 부담으로 돌아올 것이다. IMF 외환 위기를 겪은 지 20년이 되었지만 그 기억은 아직도 생생하다.

이 책은 무심코 흘려듣던 조세 피난처의 존재가 당장 내 삶에 더 나아가 우리나라는 물론 세계 경제와 사회에 얼마나 큰 해악을 끼치는지를 지적한다. 일본의 전 대장성 주세국 관료이자 다양한 국제 무대에서 활동한 전력을 지닌 저자는 조세 피난처의 기본적인 구조와 폐해를 알기 쉽게 해설하고 그 배후에 있는 선진국들의 양면성까지 조목조목 따지며 파헤친다.

다소 생소하거나 어렵게 느껴질 수 있는 분야이지만 실제 조세 피난처를 이용한 사건이라든지 저자가 직접 겪은 흥미진진한 일화를 따라가다 보면 차츰 그 실상을 엿볼 수 있다. 평범한 시민들에게 조세 피난처의 실상을 알리고자 책을 쓰게 되었다는 저자의 의도처럼 우리 모두가 경제 주체로서 문제의식을 갖고 지켜보아야 할 것이다.

옮긴이 김효진

조세 피난처
-달아나는 세금-

초판 1쇄 인쇄 2018년 2월 10일
초판 1쇄 발행 2018년 2월 15일

저자 : 시가 사쿠라
번역 : 김효진

펴낸이 : 이동섭
편집 : 이민규, 오세찬, 서찬웅
디자인 : 조세연, 백승주
영업 · 마케팅 : 박래풍, 송정환, 최상영
e-BOOK : 홍인표, 김영빈, 유재학, 최정수
관리 : 이윤미

㈜에이케이커뮤니케이션즈
등록 1996년 7월 9일(제302-1996-00026호)
주소 : 04002 서울 마포구 동교로 17안길 28, 2층
TEL : 02-702-7963~5 FAX : 02-702-7988
http://www.amusementkorea.co.kr

ISBN 979-11-274-1329-3 04320
ISBN 979-11-7024-600-8 04080

이 도서의 국립중앙도서관 출판예정도서목록(CIP)은 서지정보유통지원시스템 홈페이지(http://seoji.nl.go.kr)와 국가지료공동목록시스템(http://www.nl.go.kr/kolisnet)에서 이용하실 수 있습니다. (CIP제어번호: CIP2018001965)

*잘못된 책은 구입한 곳에서 무료로 바꿔드립니다.